SÄULEN DES HERAKLES

Dies Buch schildert einen entscheidenden Teil der Lösung einer Jahrtausende alten Denksportaufgabe. Im 4. Jahrhundert vor unserer Zeitrechnung berichtete der griechische Philosoph Platon ausführlich über eine geheimnisvolle Insel Atlantis Vor den ‚Säulen des Herakles' soll einst jenes Atlantis gelegen haben. Die Insel sei bei einer Erdbebenkatastrophe spurlos im Meer verschwunden. Überall auf der Welt wurde dann nach dieser geheimnisvollen Kultur gesucht, aber nirgendwo fand man konkrete archäologische Spuren dieser untergegangenen Stadt. Und seitdem gibt es eben das Atlantis-Rätsel, die größte archäologische Herausforderung

In neuerer Zeit mehren sich die Stimmen derer, die nicht an eine geographische Lösung glauben. Gelehrte meinen, Platon habe sich diese Geschichte als gesellschaftspolitische Parabel ausgedacht. Aber das kann nicht alles sein, denn bei solchen Atlantis-Vorschlägen ist es nicht anders, wie bei den geographischen Atlantis-Funden: der Interpret spiegelt nur sich selbst.

Die Verfasser dieses Buches fanden einen ganz anderen Zugang zu Platons Überlieferung. Sie meinen, daß Platons Text eine einzige Ironie sei, die codierte Verfremdung des eigentlich Gemeinten.

Und das ist ein Appell an die Tugendhaftigkeit Und so wird in diesem Buch die Dechiffrierung des vordergründigen geographischen Inhalts exemplarisch am Beispiel der ‚Säulen des Herakles' vorgestellt und deren Symbolwert erkannt.

Zur selben Reihe in diesem Verlag gehören auch die Bücher:

ATLANTIS - IRONIE

und

HOMERS SCHERIA

AITHON

SÄULEN DES HERAKLES

oder

Platon war Linkshänder

ENTA

Zum Umschlagbild:

Herkules zwischen Tugend und Laster
Pompeio Girolamo Batoni (1708 - 1787)
Turin, Galleria Sabauda

Herakles war ein Halbgott, der nicht nur tugendsam war, wobei die Auslegung des Tugendbegriffs durchaus etwas Zeitgebundenes ist. Da hier der Platonbezug im Vordergrund steht, dürfte wohl eher das ethische Moment im Vordergrund dessen gedanklicher Bezüge gestanden habe und weniger die Heldentaten bei der Bewältigung der Aufgaben dieses Herakles. Und die Kraft und Stärke unseres Titelhelden dienten in der Antike dazu, deren ethische Verpflichtung zu postulieren. In der Renaissance wurde dies wohl eher auch so gesehen, denn dieser Maler Batoni schuf gleich mehrere Versionen der ‚Wahl des Herakles', die heute in den Museen von Florenz, Vaduz, Leningrad und Turin hängen.

Impressum

ISBN 3-937360-01-8
Deutsche Erstausgabe 2003

ENTA-Verlag: www.enta-verlag.de

Inhalt

Die ‚Säulen des Herakles', was bedeutet das? 7
Die Säulen als Schlüssel zu Atlantis 23
Die drei erdachten Atlantisse 31
Die zwiefachen ‚Säulen des Herakles' 59

Das Ende wird zum Anfang 67
Der Ort der Säulen 71
Der Weg von den Säulen zum Olymp 105
Die Zweifel als Wegweiser 111

Der Platon war übrigens Linkshänder 115

‚Landsdowne' - Herakles (nach einem Vorbesitzer so benannt)

Restaurierte römische Marmor-Statue aus der Zeit Kaiser Hadrians (etwa 125 u.Z) von einem unbekannten Bildhauer nach der Schule des griechischen Künstlers Polykleitos (400-200 v.u.Z.), heute im Getty-Museum Los Angeles

Die ‚Säulen des Herakles', was bedeutet das?

Auf diesen Säulen-Begriff stießen wir, das waren meine heranwachsenden Töchter und ich, bei der Lektüre von Platons Atlantis-Geschichte. Die geheimnisvolle Insel Atlantis, von deren Glanz und Untergang Platon berichtet, soll vor den ‚Säulen des Herakles' gelegen haben.

Seit der Entdeckung durch wagemutige griechische Seefahrer bezeichnet dieser geographische Begriff die Meerenge zwischen Afrika und Europa, die heute ‚Straße von Gibraltar' genannt wird. Wer dieser Herakles war? Und wie es zu diesem Begriff ‚Säulen des Herakles' gekommen ist? Das wollen wir gleich zu Beginn erläutern:

Herakles war der berühmteste und volkstümlichste aller griechischen Sagenhelden. Durch seine Klugheit und seine Stärke war Herakles Vorbild von Philosophen und Athleten. Er war noch schlauer als Atlas, der bereits als Symbolfigur der Gelehrsamkeit galt – und tugendsam!

Der Name Herakles wird von der Mondgöttin Hera abgeleitet. Sie sei die Tochter des Kronos, Schwester und Frau des Zeus. Der Name Herakles heißt nach der am nachdrücklichsten vermarkteten Gelehrtenmeinung: ‚der durch Hera Berühmte'. Aber das war eine fragwürdige Berühmtheit, denn es war der Haß Heras, der zu unrühmlicher Berühmtheit wurde. Hera soll Herakles als Bankert ihres Gemahls Zeus mit einer gewissen Alkmene unversöhnlich verfolgt haben. Herakles wurde vielleicht gerade um sich zu beweisen deshalb zum Vorbild an Tapferkeit und Edelmut. Es war eine Mischung aus antikem Robin Hood und moderner Arnold-Schwarzenegger-Figur, allerdings mit ihn noch sympathischer machenden menschlichen Schwächen, wie seine Vorliebe für schöne Frauen, gutes Essen und Trinken, eben ein filmreifer Held.

In den Lexikas zur antiken Mythologie gibt es aber noch Dutzende weiterer Nameninterpretationen. Die einfachste Deutung, wonach Herakles ‚der berühmte Held' bedeute, gefiel uns am Besten. Aber auch der Bezug zu Kraft und Stärke, der im Namen Herakles enthalten sei, war für und interessant, da Platon sich als Physiker intensiv mit dem Begriff der Kraft auseinandersetzte und Platon es war, der uns mit seiner Atlantis-Geschichte auf diesen Namen gestoßen hatte. Für den antiken Odendichter Pindar, ein großes Vorbild für Platon, verband sich mit dem geographischen Begriff der ‚Säulen des Herakles' das Ringen um Erkenntnis über die jeweils erreichten Grenzen hinaus. Herakles also als Vorbild für solche, die sich um philosophische Erkenntnis bemühten? Warum nicht?

Aber zurück zur Mythologie, auch wenn Platon mit ihr nichts am Hut hatte. Im Gegenteil, sie war ein Graus für ihn, da sie für ihn lediglich Ammenmärchen kolportierte. Jedenfalls trachtete die Göttin Hera als Erzfeindin des Herakles stets danach, ihn zu vernichten. Und so sorgte sie dafür, daß er im Auftrag des Delphischen Orakels im Dienste eines gewissen Eurystheus zwölf Arbeiten zu erledigen hatte, Aufgaben, die übermenschliche Anstrengungen erforderten, an denen jeder andere gescheiter wäre. Doch Herakles erledigte alle zwölf Arbeiten:

1. die Erlegung des Nemeischen Löwen
2. der Kampf mit der neunköpfigen Hydra von Lerna
3. das Einfangen der windschnellen Hirschkuh Kerynitis
4. das Einfangen des Erymanthischen Ebers
5. der Kampf mit den Stymphalischen Vögeln

6. die Reinigung der Ställe des Augias
7. das Einfangen des Kretischen Stieres (Minotaurus)
8. das Fangen der fleischfressenden Rosse des Diomedes
9. der Raub des Gürtels der Amazonenkönigin Hippolyte
10. die Erbeutung der Rinder des Geryoneus
11. die Erringung der goldenen Äpfel der Hesperiden
12. die Entführung des Unterwelthundes Zerberus.

Diese Abenteuer muß man kennen oder auch nicht. Als Zeichen humanistischer Bildung kommen sie gleich hinter den ‚sieben Weltwundern' der Antike. Aber die kann man wenigstens auf einer Bildungsreise abhaken.

Mit Herakles nahm es übrigens ein schlimmes Ende. Er starb durch Selbstverbrennung, wodurch er ein grausames Leiden einer Hautkrankheit abkürzte. Vermutlich war es eine Allergie gegen einen Kleiderstoff. Ich kenne das von den Herstellerschildchen in den Hemden, hinten im Nacken, knapp unter dem Kragen. Herakles wurde, nachdem er die Juckerei durch seinen Freitod beendet hatte, dann von Zeus unter die Unsterblichen aufgenommen und zum Wächter der Himmelspforte gemacht.

In Rom heißt diese Herakles-Figur Herkules und ist auch der Gott für Maße und Gewichte. Ob uns dies wiederum ein Hinweis für Mathematisch-Physikalisches sein soll, wenn Platon ihn als Bezug einsetzt? Es scheint so, als ob Platon die begriffliche Besetzung seiner Figuren voll ausreizt. Sei es Herakles, Atlas oder dessen Schwiegermutter Kleito, alle füllen ganze Bedeutungsfelder aus. Aber nun noch kurz zu der 10. Aufgabe, die zur Errichtung dieser ‚Säulen des Herakles' führte:

Herakles wurde von seinem Arbeitgeber beauftragt, sich der Rinder eines Geryoneus zu bemächtigen und diese nach Mykene zu bringen. Geryoneus soll am

Herakles im Kampf mit Geryon,

griechische schwarzfigurige Terracotta-Vase, dem ‚Maler von Berlin 1668' zugeschrieben (so benannt nach einer Katalognummer), Athen um 560 v.u.Z., heute im Getty Museum, Los Angeles

Auf der Vase sind unzusammenhängende , anscheinend sinnlose Buchstabenfolgen. Ob sie doch eine Bedeutung haben? Eine Besonderheit des Malers war es auch, die Figuren auf der Gegenseite seiner Vasen geringfügig verändert darzustellen.

westlichen Rand der Welt auf einer Insel Erytheia gehaust haben. Geryoneus, Sohnes von Chrysaor, sei ein Riese mit drei Leibern, die aus seiner Hüfte hervorwuchsen gewesen und galt als unbezwinglich, da er an seinen drei Leibern sechs Hände und drei Köpfe hatte und angeblich dazu auch noch auch Flügel besaß. Sein Hirte Eurytionas bewachte die Herde mit Hilfe des zweiköpfigen Hundes Orthros, der ein Bruder der Kerberos, des nemeischen Löwen und der Lernäischen Hydra. Der Name Geryo-neus bedeutet "Schreihals", denn wenn er seine Stimme erschallen ließ, klang es so, als ob tausend Krieger gleichzeitig brüllten. Nach mühevoller Reise kam Herakles an das Meer, auf dem er zur Insel Erytheia musste. Durch Bitten und Drohungen erreichte er, daß der Sonnengott Helios ihm schließlich für die Fahrt zur Insel Erytheia (Rotland) sein goldenes Boot lieh. Dort erschlug Herakles mit der Keule den bissigen Hund Orthros und den riesigen Hirten Eurytionas. Schließlich tötete er auch den Geryoneus, indem er mit einem Pfeil alle dessen drei Leiber durchbohrte. Dann raubte er die kostbaren, angeblich roten Rinder und verließ die Insel. In manchen späteren Versionen wird berichtet, daß Herakles einen Damm gebaut habe, um die Rinder von der Insel aufs Festland zu treiben. Jedenfalls sei es eine Meerenge gewesen, die er überwandt, nach manchen Erzählungen sei es die zwischen Afrika und Europa gewesen. Auf seinem Weg nach Hause soll Herakles noch eine ganze Anzahl von Abenteuern bestanden haben und jede Menge Ungeheuer und Unholde getötet haben. Zur Erinnerung an seine Überwindung der Meerenge bei Tartessos soll er zwei Säulen, die sogenannten ‚Säulen des Herakles' – errichtet haben. Tartessos wird in Spanien bei Cadiz gesucht. Dort soll es auch einen Tempel für einen

Der Felsen von Gibraltar – einst und jetzt,
eine der ‚Säulen des Herakles' vor denen Atlantis gelegen habe

Der Felsen von Ginraltar ist von unzähligen Affen besiedelt. Es sind wohl die Seelen derer, die nach den ‚Säulen des Herakles' und nach Atlantis gesucht haben.

Melkart, eine lokale Entsprechung von Herakles, gegeben haben. Nachdem dieses Tartessos dort aber nie gefunden wurde, spricht einiges dafür, daß genauso gut der Ort Zarzis bei Djerba gemeint gewesen sein könnte. Beides ist unbewiesen. Herakles gelang es zwar trotz vieler Gefahren die Herde nach Mykene zu bringen, aber die Tiere bekamen durch Fliegenstiche eine Art Rinderwahn, den Hera verursacht habe. Eurystheus opferte sie denn auch dieser Göttin Hera.

Unter Stelen versteht man als Monument senkrecht aufgerichtete schlanke Steine, auch Menhire oder Hinkelsteine. Vereinzelt werden aber auch Säulen als Basen für Statuen ‚Stelen' genannt. Das Wort ‚Stele' bedeutet aber auch Eckverstärkung einer Verteidigungsanlage. Was also ursprünglich mit ‚Stelen des Herakles' gemeint war, ist unklar. Im Deutschen wurde der Begriffsinhalt in der Wendung ‚Säulen des Herakles' geläufig. Irgendwann wurde der Begriff auf die Meerenge von Gibraltar übertragen. Nur, wo genau sollte man nun den Säulenbegriff festmachen? Da gibt es an den jeweiligen Festlandssockeln genug hochaufragende Felsen. Von denen wurden die Felsen Kalpe und Abila beiderseits der Küsten als Säulensymbole auserkoren. Kalpe ist auf europäischer Seite, Abila an der afrikanischen Küste. Der so benannte riesige Felsen bei Gibraltar ist ausgewaschen und gleichsam ausgehöhlt. Schon früh habe man daher hierfür Kalpe gesagt. Es sei eine Anlehnung an das griechische Wort für *Kanne* - *Kalpi*s. Dieser Felsen hieß so bis 711 u.Z. Damals wurde die dortige als uneinnehmbar geltende Festung von dem Araber Tarik ibn Sijad erobert. Seitdem heißt sie ‚Gebel al Tarik' (Berg des Tarik), woraus Gibraltar wurde. Abila hätte eine phönizische Wortwurzel, die auf den Namen Abel zurückginge.

Diese ‚Säulen des Herakles' nun führen uns wieder zurück zum Anfang unserer Begegnung mit diesem Helden. Irgendwann nämlich, es war im Jahr 1992, stieß ich auf Atlantis. Nein, nicht auf Reste dieser verschollenen Kultur, sonder auf die Geschichte darüber. Atlantis, das sei eine riesige mächtige Insel gewesen, die vor den ‚Säulen des Herakles' gelegen habe und die vor Jahrtausenden spurlos im Meer versunken sei. So berichtete jedenfalls der griechische Philosoph Platon im 4. Jahrhundert vor unserer Zeitrechnung mit zahlreichen Details von dieser fremden Kultur.

Zur Zeit Platons hatten Fabelgeschichten aus fernen Ländern Hochkonjunktur. Es war ja schließlich eine Zeit der Entdeckungen durch wagemutige griechische, karthagische und phönizische Seefahrer. Obwohl Platons Bericht die einzige Kunde von Atlantis war, wurde diese abenteuerliche Atlantis-Geschichte geglaubt, kam sie doch schließlich von dem seriösen Philosophen Platon. Doch es gab auch vereinzelte Zweifler, die Platon unterstellten, er habe die ganze Geschichte nur erfunden.

Nun, wer war dieser Platon eigentlich?

Platon lebte in Griechenland von 428/27 bis 349/48 vor unserer Zeitrechnung. Er war Schüler des Sokrates und Lehrer von Aristoteles gewesen. Seine Werke sind uns alle in Dialogform schriftlich überliefert. In zwei der Dialoge lässt er von Atlantis erzählen. Im *Timaios-Dialog* stellt Platon knappe Fakten vor: Atlantis, eine Insel, bedeutender als Afrika und Asien zusammen, habe vor diesen ‚Säulen des Herakles' gelegen. Die Atlanter Hätten die ganze Welt erobern wollen, nur die Athener hätten sich ihnen entgegengestellt und sie besiegt. Und dann sei in einer einzigen Nacht bei einer Erdbebenkatastrophe die Insel Atlantis im Meer versunken. Nur

Schlamm, der die Schifffahrt behinderte, sei davon übriggeblieben. Das Heer der Athener sei in der Erde versunken.

Im folgenden *Kritias-Dialog* erzählt Platon in bildhafter Sprache eine Menge Wissenswertes über Land und Leute. Die Atlanter hätten ihre Herkunft von Poseidon und dessen Sohn Atlas hergeleitet. Das Land sei außerordentlich fruchtbar gewesen. Es sei mit einem Netz von Gräben durchzogen und so bewässert worden. Auch sei es reich an Bodenschätzen gewesen. Elefanten hätte es auch gehabt. Die Hauptstadt lag in einer Flußmündung. Geschützt von ringförmigen Wassergräben und Erdwällen war mittendrin die Königsburg. Zehn Könige hätten hier regiert und jedes Jahr einen Stierkampf veranstaltet. Nachts bei einem Gelage hätten sie in blauen Gewändern Recht gesprochen. Platon beschreibt das alles mit vielen Einzelheiten. Auch von deren riesigen Armee und Flotte berichtet er. Schließlich seien die friedlichen Atlanter größenwahnsinnig geworden und hätten alles zugrunde gerichtet, was ihnen früher heilig gewesen wäre. Der Bericht bricht mit der Ankündigung einer Strafpredigt von Gottvater Zeus unvermittelt ab. Eine von Platon selbst angekündigte Fortsetzung fehlt.

Manche meinen, er habe sich mit dem Historiengemälde überfordert und habe deshalb einfach aufgehört oder er habe die politische Zielsetzung, die er mit der Story bezweckt habe, geändert und den Stoff eben unfertig liegenlassen. Da die Geschichte angeblich erst in seinem Nachlaß gefunden wurde, nehmen die meisten an, daß er vor deren Fertigstellung gestorben ist und so eben die Geschichte unvollendet blieb.

Platon gibt in seiner Atlantis-Geschichte die dramatischen Erzählung eines gewissen Kritias wieder. Dieser

Kritias war ein wendiger Athener Politiker, Zeitgenosse Platons und sogar ein entfernter Verwandter von ihm. Dieser Kritias will die Geschichte von seinem Großvater gehört haben. Der wiederum habe die Geschichte von jenem berühmten Gesetzgeber Solon, der über 100 Jahre vor Platon gelebt hatte. Und dieser Solon habe die Geschichte von einem Priester im ägyptischen Saïs gehört. Dort sei sie in Tempelinschriften überliefert worden. Obwohl in dieser Geschichte von Atlantis auch vom Athen der vergangenen Tage berichtet wird, ist in Griechenland selbst nichts davon überliefert. Das hinge wohl mit Naturkatastrophen zusammen, die sich in Griechenland als Kulturschock ausgewirkt hätten. Trotz dieses mehrfachen Hörensagens glaubten viele an die Echtheit der überlieferten Überlieferung einer Überlieferung.

Doch bedauerlicherweise hatte Platon keine genaue Angaben über die Lage von Atlantis gemacht. Gelehrte wie Amateure sind der Ansicht, das hätte noch kommen sollen in dem nicht geschriebenen Schluß der Story. Das führte nun selbstverständlich dazu, daß man sich Gedanken machte, wo in aller Welt dieses Atlantis gelegen hätte haben können. Und so wurde dieses Atlantis eben auch in aller Welt gesucht.

Abenteurer, Schatzsucher, Wissenschaftler und ‚normale' Menschen wollten Atlantis finden. Sie suchten in den Tiefen aller Meere, im Umkreis aller Vulkane, im Sand aller Wüsten, bei allen weißen Flecken auf den Landkarten.

Esoteriker bemühten sich angeblich um Kontakte zu den Seelen der Atlanter im Jenseits, um von denen genaueres über die Lage von Atlantis zu erfahren – vergeblich. Alle waren und sind sie Scharlatane. Sie behaupten, geheimem Wissen um das Wiederauftauchen dieser einst untergegangenen Kultur zu haben und kassieren gutgläubige Hausfrauen ab. Gefunden wurde nie etwas.

Und weil kein Atlantis gefunden wurde, erklären engagierte Wissenschaftler die Geschichte Platons von Atlantis für dessen gesellschaftliche Vision eines idealen Staates. An diese Utopien hängten sich oft zielgenau machtlüsterne Politiker an, je nach Vorgabe der Wissenschaft. Oder die Wissenschaft postulierte gleich in vorauseilendem Gehorsam ein Atlantis, wo und wie es der Politik gerade nutzen sollte.

Und so war es die Gier nach Reichtümern, die Sucht nach Geltung, der Hang zum Betrug und die Geilheit nach Macht, welche immer wieder die entsprechenden Leute dazu brachte, sich mit Atlantis zu befassen. So bekam jeder das Atlantis, das ihm verdiente oder verdienen sollte.

Platons Schüler Aristoteles behauptete nach einer Überlieferung des griechischen Geographen und Historikers Strabon, daß Platon das von ihm erdachte Atlantis auch wieder verschwinden ließ, und unterstellte dabei, daß Platon Atlantis und seine Zerstörung in dichterischer Freiheit erfunden habe, so wie zuvor Homer die Errichtung und die Zerstörung der Schiffsmauer der Griechen vor Troja. Das zeigt zum einen, daß Aristoteles keine philosophische Aussage in der Geschichte erkannte, zum anderen zeigt es seinen miesen Charakter, weil er genau wußte, daß er Platon Unrecht tat, ihn mit einem Dichter zu vergleichen.

Doch es gab auch harmlose Gemüter, die erkannten, daß die Atlanter sittlich verkamen und deshalb dem Untergang geweiht waren. Pietisten auf der Mahnung gegen Unmoral und mit einer Warnung vor deren Folgen.

Und dann gibt es seit Jahrtausenden die zahllosen einfach nur Neugierigen, die gerne wissen wollen, was es mit Atlantis auf sich hat. Ob sie nun ein archäologisches Interesse haben, ob sie esoterisch engagiert sind, oder ob sie an einer Abenteuergeschichte interessiert sind, oder einfach nur wissen wollen, was dieses Atlantis-Rätsel so interessant macht, sie sind es, die auch das Publikum abgeben für die unzähligen Atlantis-Sucher und -Finder.

Jeder, der bisher Atlantis auf der Landkarte oder im Gelände gesucht hatte, hatte in kindlicher Einfalt Platons Text seinem Wissen zu irgendeinem Detail entsprechend vereinnahmt. Meist lag schon vorher eine unbewusste geographische Zielvorstellung zugrunde. Vermutlich waren solche örtliche Vorlieben bestimmt durch ganz persönliche Sehnsüchte oder Erfahrungen, Absichten oder Prägungen. Da wurde dann auch noch beim Platon-Text kräftig weggelassen und dazuerfunden, eben solange, bis es irgendwie so in etwa zur eigenen Ideenwelt passte: Atlantis als Wille und Vorstellung. Oder frühere Atlantis-Sucher verleiteten zum Trittbrettfahren. Gelegentlich verstärkte auch eine unsinnige Übersetzung irgendwelche geheimen Wunschvorstellungen zu irgendeinem Standort von Atlantis. Schließlich fand so ein jeder sein Atlantis und in seinem Atlantis nur ein Spiegelbild seiner eigenen Wünsche, seiner Person. Das wurde dann als verbindlich weitergegeben.

Zum ersten Mal war ich dem Thema Atlantis im Fernsehen begegnet. Da verglich ein Reporter den Vulkanausbruch des Pinatubo im Jahr 1992 irgendwo auf einer philippinischen Insel mit der Naturkatastrophe, die einst Atlantis untergehen ließ. Als mich meine Tochter Johanna, damals 14, nach diesem Atlantis fragte, wußte ich sehr wenig davon. Ihre große Schwester Friederike, damals 19, hatte als Studentin noch relativ frisches Abiturwissen dazu parat. Beide bestürmten mich, etwas mehr von Atlantis zu erfahren. Schließlich wollten die beiden, daß wir als Team das Atlantis-Rätsel lösten. Ich äußerte zwar meine Skepsis, ob es Atlantis überhaupt gegeben habe und meine Töchter pflichteten mir sogar bei. Aber um sicher zu sein, daß an der Vermutung eines real existierendes Atlantis nichts dran war, beschloßen sie, daß wir zunächst einmal mit vereinten Kräften danach suchen sollten. Und wenn wir nichts fänden, dann erst sollten wir uns der Frage nach einem möglicherweise verborgenen Sinn der Atlantis-Geschichte widmen. Denn wenn wir als bestes Team aller Sachensucher schon nichts fänden, dann habe es wirklich kein wirkliches Atlantis gegeben. Ausschlussdiagnostik nennen das die Mediziner.

Ich nahm diese Herausforderung an mit dem Hintergedanken, dabei meinen Töchtern den Philosophen Platon, die griechische Kultur der Antike und deren Geschichte, Dichtung und Mythologie der alten Griechen, deren Philosophie und deren Metaphysik nahe zu bringen. Ich meine, diese Vergangenheit gehört zur Grundlage der abendländischen Kultur, der ich als Bürger des ‚Alten Europas' angehöre. Und man sollte schon wissen, wo man herkommt, um sich besser entscheiden zu können, wo man hingehen möchte.

Und so brachen wir auf, um zunächst ein archäologisches Atlantis zu suchen. Wenn wir kein Atlantis finden könnten – wer sonst? Dann könnten wir ja immer noch oder erst recht nach einem geistigen Hintergrund der Geschichte suchen, denn einen solchen hat auch noch niemand enträtselt. Aber das sagte ich ja schon. Doch halt! Ich vergaß zu erwähnen, daß Platon nicht nur ein Metaphysiker war, also einer, der sich mit den Urgründen des Seins befasste, sondern daß er auch ein großer Natur-

Herkules und die Königin der Amazonen 1958

Herkules wird von der schönen, aber gefährlichen Amazonenkönigin nach Atlantis verschleppt, um dort, wenn er als Liebhaber ausgedient hat, als Statue zu enden. Figuren tauchen auf, die man in einer Geschichte nie zusammen vermutet hätte. Äußerst frei wird hier die antike Mythologie zusammengeschnitten. Das berühmte versunkene Atlantis ersetzt die ursprüngliche Heimat der Amazonen. Diese haben, um ihre Reize zu steigern, statt einer doch zwei Brüste und sind alles andere als männerfeindlich. Sprachlich und inhaltlich wurden Ansprüche an die Helden und seine Gespielinnen gänzlich vermieden. Die phantasievolle Zitatensammlung aus der Antike wirkt zwar befremdend, unterstützt jedoch die Parodie, indem sie dieser den adäquaten Rahmen gibt.

(Nach einem Kommentar von Annika Höppner im ‚Schnitt'. Der Film wurde am 11.9.2002 im Bayrischen Fernsehen wiederholt.)

wissenschaftler und Mathematiker war. In dieser Richtung hatte noch keiner eine Sinngebung in der Atlantis-Geschichte gesucht.

So wurde die Atlantis-Suche schon bald zu diesem Denksportspiel mit dem Ziel dahinter zu kommen, was Platon mit seiner abenteuerlichen Geschichte wohl verborgen hatte. Natürlich stellten wir uns auch die Frage, warum Platon diesen Aufwand getrieben hatte, sich eine so lange und bunte Geschichte auszudenken. Wir lernten dabei zunächst einmal, daß Abenteuer vor allem im Kopf stattfinden. So haben wir in abenteuerlicher Weise Platons Atlantis-Geschichte schließlich doch noch enträtselt.

Ich weise hier auf unser Buch ATLANTIS-IRONIE, erschienen 2003 im ENTA-Verlag, hin. Auf der letzten Seite dieses Buches hier findet sich noch einmal ein Hinweis darauf. Unser Ergebnis kann sich durchaus sehen lassen und markiert zumindest einen ernsthaften Neubeginn in der Atlantis-Forschung, die untrennbar mit der Sicht der ‚Säulen des Herakles' verbunden ist.

Untrennbar mit Herakles sind aber auch die Kitschfilme, vor allem der 50er Jahre. Das waren noch etwas prüdere Zeiten, und damals durfte man halbnackte Muskelprotze und mit offenherzigen Togen bekleidete Nereiden nur zeigen, ohne daß sich die jugendschützende Zensur darüber empörte, wenn man ein klassisches Thema zum Sujet hatte. So ein Film war damals (es war meine Jugendzeit) durchaus geeignet, seiner Angebeteten verfänglich näherzukommen. Im kulturellen Rückblick spürt man aber auch noch das kultisch sittliche Körperbewusstsein damals kurzvergangener Zeiten durch. So hat auch Atlantis in diesem Genre stets einen aktuellen Zeitbezug. So paßt der zur Zeit aktuelle Disney-Zeichentrick-film zum Thema Atlantis perfekt zur Tagespolitik Amerikas.

Auf dem Wege nach Atlantis

Bericht
über den
Verlauf der zweiten Reise-Periode der
D.I.A.F.E. in den Jahren 1908 bis 1910

Von

Leo Frobenius

Chef der Deutschen Inner-Afrikanischen Forschungs-Expedition

Herausgegeben von Herman Frobenius, Oberstleutnant a. D.

Mit 48 Tafeln, 27 Illustrationen,
einem bunten Bild und 2 Karten

Vita Deutsches Verlagshaus, Berlin-Charlottenburg

Das waren noch Zeiten, als man Atlantis noch für seinen Kaiser in Afrika suchte – und erfahren musste, es die Engländer schon alles geklaut hatten.

Die Säulen als Schlüssel zu Atlantis

Wir versuchten einen Hauptnenner bei den Atlantis-Suchern zu finden. Mit kritischer Distanz erkannten wir so ganz allmählich ganz allgemein menschliche Motive beim Atlantis-Finden. Die waren unabhängig von Zeitströmungen, auch wenn sie oft solche repräsentierten. Dabei ergab sich eine große Vielfalt von Atlantissen. Die größte Gruppe der Atlantis-Sucher waren dabei die Geltungssüchtigen. Es waren auch die Lautesten. Vordergründig standen natürlich bei allen, die ein Atlantis suchten und meist auch fanden, edle Motive im Vordergrund, wie Bildungsbeflissenheit oder Vaterlandsliebe.

So fand ein treudeutscher Forschungsreisender L. Frobenius, sein Atlantis 1910 für seinen Kaiser als mögliche Kolonie am Kongo. Er regte sich darüber auf, dass er die Bronzeschätze von Benin nicht 'einheimsen' konnte. Als ich mit der Familie im Britischen Museum in London war, entdeckte Johanna diese Reliefs als Wandschmuck im Treppenhaus. Da waren die Engländer wohl den deutschen Schutztruppen beim kolonialen Plündern zuvorgekommen.

Ein deutscher Archäologe, A. Schulten, hatte seit 1922 in Spanien bei Cadiz jahrelang nach der antiken Stadt Tartessos gesucht. Damit blieb er zwar erfolglos, aber er behauptete wenigstens Atlantis dort entdeckt zu haben. Er mehrte wenigstens so den Ruf der deutschen Archäologie und wahrscheinlich auch seine staatlichen Fördermittel.

Ein cleverer Makler, H.J. Müller, auch Kunsthändler, vertreibt einen Neuaufguß von Atlantis zur Zeit als *Kai-*

sers neue Immobilie, ein 'Kultur-Projekt' auf Teneriffa an Mäzene. Sein Atlantis ist edel, schnittig, rassig im Geschmack, mit Umwelttouch und humanitären Ansprüchen,. Dazu gibt es ein Vorwort von Richard von Weizsäcker und eine Spenderliste respektabler Honoratioren und ein herziges Dankeschön für den Schotter. Das gibt doch dem Leben einen Sinn!

Ein amerikanischer Politiker, I. Donelly, hatte vor 150 Jahren die Vision, die Azoren seien ein Überbleibsel von Atlantis. Er sah dort die gemeinsame kulturelle Basis der Alten und der Neuen Welt. Damit wollte er Amerika eine eigenständige kulturelle Identität verschaffen. Sein Buch wurde zum Bestseller und ist eine kulturgeschichtliche Fundgrube.

Schon immer und überall auf dieser Welt betreiben Geltungssüchtige, Scharlatane und Fanatiker solche Art der Selbstdarstellung. Alle, die da in der Geographie nach Atlantis suchen, wollen wir nun „Geo-Atlantisten" nennen. Die in die Taschen anderer greifen wären die „Atlantomanen". Die messianischen Spinner hingegen sind für uns die „Atlantologen". Manche sind auch mehrfach tätig. Und manche Orte eignen sich auch gut für unterschiedliche Findermotive.

So wurde die Idee mit den Azoren immer wieder aufgenommen, aber mit unterschiedlicher Motivation. Ein Enkel des Troja-Protagonisten Schliemann narrte die Welt mit einem angeblichen Bericht seines berühmten Großvaters, der ein atlantisches Atlantis eben bei den Azoren entdeckt gehabt hätte. Der Enkel sei ein Betrüger gewesen, so wird gesagt. Aber auch ein russisches U-Boot fand Atlantis bei den Azoren. Sie entdeckten angeblich atlantische Ruinen auf dem Meeresgrund. Das war in der Zeit des kalten Krieges. Da man hier schon auf halbem Weg vom sozialistischen Lager ins gelobte Land Amerika war, drückte dies wohl eher Sehnsüchte nach einem *real existierenden* Paradies aus.

Ein amerikanischer Autor dieser Tage, C. Berlitz, ließ Atlantis seit 1974 gleich im Bermudadreieck untergehen. Sollte ihm doch erst einmal einer das Gegenteil beweisen. Und wenn es je dort ernsthaft gesucht und dann nicht gefunden würde, musste es dort eben von geheimnisvollen Mächten verschlungen worden sein. Berlitz ist schon beim fünften Taschenbuch in Folge.

Ein cleveres Medium, Edgar Cayce sah jedoch schon Jahre zuvor (1959), auch gegen Bares, Atlantis vor Miamis Küsten in naher Zukunft bereits wieder auftauchen. Aber immer wieder fand er Gründe für die Verzögerung. Und immer wieder überzeugte er spendenwillige Esoterikerinnen. Nach seinem Tode führte Cayce jr. die höchst einträgliche Tradition weiter. Die haben sicher ein erbliches Charisma, denke ich. In einem Land, das auf dem Weg zur familiären Erbfolge sogar im Politischen ist, wird das wohl allseits geschätzt.

Jedem von Europa zu weit entfernten Atlantis bot allerdings ein britischer Kreuzfahrtreeder Paroli. Er förderte einen Gelehrten, den Philologen J.V. Luce, der Atlantis in der ihm viel näher liegenden, touristenträchtigen Ägäis wiederfinden wollte. Der belegte das Gewünschte dann auch mit wissenschaftlicher Gründlichkeit (1969). Seitdem ist die Insel Thera / Santorin vor allem bei britischen Reiseveranstaltern im Gespräch als Überreste einer historischen Atlantis-Vulkan-Katastrophe.

Gut-griechische Archäologen um S. Marinatos machten dem Engländer die Meriten dieser Entdeckung jedoch streitig. Bisher war es schließlich immer so gewesen, dass Ahnenstolz und Nationalismus beim Atlantis-Finden einen Vorrang gehabt hatten.

Patriotische Atlantisse erhöhten stets das Prestige des Finders und wenn möglich auch seinen Forschungsetat. So hatte doch der französische Geograph E.F. Berlioux (1883) gleich ganz Nordafrika, eben alles Gebiet um das Atlasgebirge herum, als Provinz gallischer Atlanter gesehen und daraus einen französischen Besitzanspruch abgeleitet. Gegenüber den Bewohnern Nordafrikas vertrat er einen schlimmen gallischen Rassismus.

Auf ähnlich ungeistiger Linie liegen zahllose rassistisch verquere Artikel eines Rudolf Steiner, Erfinder und Lehrer der sogenannten ‚Anthroposophie' (‚Menschenweisheit') http://www.egoisten.de/atlantis/atlantis.htm. Steiner meinte schon 1923, die weiße Rasse sei die zukünftige, die am Geiste schaffende Rasse. Er wurde schließlich zum Verkünder der These einer rassenreinen Atlanter-Elite, die er dem Nifelheim der nordischen Mythologie entstammen ließ. Das nahm ein Alfred Rosenberg, ideologischer Vordenker der Nazis, auf und reklamierte Atlantis für sein nordisches Ariergeschlecht und lies die Atlanter blond sein und aus Thule, einer sagenhaften Insel im hohen Norden kommen. So stellte sich im Dritten Reich die Ariosophie neben die Anthroposophie. Die Anthroposophen wurden dann von den Nazis verboten, möglicherweise als unliebsame ideologische Konkurrenz. Aber Steiners rassistisches Gedankengut hat überlebt. Vertreter anthroposophischer Nachfolgeorganisationen verharmlosen die üblen rassistischen Äußerungen Steiners, aber distanziert sich von ihm nicht so, wie das heute durchaus zu erwarten wäre. Ich verweise hier auf entsprechen kritische Dokumentationen im Internet: http://www.akdh.ch/ps/ps_56mini-akasha.html. Ich hoffe nur, daß ich mich vorsichtig genug ausgedrückt habe, um nicht wie andere Kritiker von Anhängern Steiners und seiner Ideologie mit Klagen überzogen zu werden. Jedenfalls Steiner und seine Anhänger liefern uns den Grund dafür, dass alle, die den Begriff Elite für sich beanspruchen, mehr als suspekt sein sollten, die Menschenwürde anderer anzutasten.

Von einer je nachdem wahnhaft messianischen, patriotischen, rassistischen, opportunistischen, esoterischen, karrieresüchtigen und geschäftstüchtigen Art gibt es ungezählte Atlantisse. Jeder Atlantis-Sucher fand schließlich das Atlantis, das ihm verdiente.

Doch es gab auch solche, die das Land der Atlanter mit der Seele suchten. Einer davon war Francesco Colonna, ein Dominikanerpater der sich 1499 einen Traum-Roman, die *Hypnerotomachia Polifili*, ausdachte. Dazu erfand er eine in ihrer konzentrischen Symbolik an die Hauptstadt von Atlantis erinnernde Insel, auf der ein Liebespaar zu einer Doppelnatur höheren Menschseins verschmilzt. Doch dann endet der Traum, und die Geschichte ist aus.

Zur Sorte der reinen Träumer, die sich bewusst ein eigenes Atlantis im stillen Kämmerlein ausdenken, gehörte auch der schwäbische Romantiker Eduard Mörike. Er dachte sich sein Traumland *Orplid* irgendwo in der Südsee. Wie bei seinem Vorbild Atlantis ließ Mörike ein Verhängnis über die Menschen Orplids hereinbrechen. Die Götter straften damit eine verderbliche Verfeinerung der Denkart, der die alte Sitteneinfalt gewichen war. Schuld war wohl sein pietistischen Gewissen.

Nicht so depressiv, aber doch voller Fernweh, war ein anderer Träumer, O. Topper, bei seiner Atlantis-Suche. Er zuckelte im Wohnwagen durch Nordafrika und fand sein persönliches Atlantis an den Lagerfeuern der Berber in deren Märchen.

Und als Kontrast zu den Träumern gibt es die Weltenbummler, die aus reiner Abenteuerlust, wie ein Columbus, rund um den Globus hinter Atlantis herspüren. Und ein bisschen von beiden ist wohl in jedem Atlantis-Sucher. Columbus soll übrigens tatsächlich eine Platonausgabe in seiner Seemannskiste gehabt haben. So war er wohl der erfolgreichste Atlantis-Sucher, nur eben, dass er Atlantis auch nicht gefunden hat.

In letzter Zeit werden vorgeschichtliche Atombomben für den Untergang von Atlantis gemacht oder Planetoiden oder Kometeneinschläge. Doch ein Professor für Klassische Philologie aus Leipzig wiederlegt sie alle ironisierend - jedoch mit scientistischer Akribie - zugunsten seiner eigenen These, Platon habe mit seiner ausufernden Phantasie das gesellschaftspolitische Thema nicht bewältigt. Kein Wort davon, daß sich Platon auch etwas Metaphysisches dabei gedacht haben könnte.

Es wurden Zehntausende von Büchern und Artikeln über immer neue vermeintliche oder angebliche Atlantis-Funde oder stets gleich dürftige utopische oder politische Deutungsversuche geschrieben. Es soll sogar ganze Bibliotheken geben, die sich nichts anderem widmen, als alles über Atlantis zusammenzutragen. Ständig kommen neue Hypothesen hinzu oder alte werden ausgeschrieben. Alle Atlantis-Finder berufen sich auf Platon und billigen nur sich selbst die einzig richtige Interpretation des Platontextes zu. Wenn wir hier Bilder anderer zitieren, so deshalb, weil sie als Beleg für unsere sprachliche Darstellung unerlässlich sind.

Es fanden sich sogar hin und wieder ganze Atlantis-Zirkel zusammen, wo sich Anhänger und Gegner verschiedener Theorien bekriegten, sogar mit Tränengas.

Bessmertny berichtet in seinem Buch *Das Atlantisrätsel*, 1941, von solchen hitzigen Versammlungen. Sogar Stinkbomben sollen dabei geflogen sein.

Sehr viele Atlantis-Sucher versuchten auf die eine o-der andere billige Art zu Ruhm und Anerkennung, zu Reichtum und Erfolg zu kommen. Haben sie sich erst einmal auf die Suche nach einem eigenen Atlantis gemacht, haben sie es auch schon längst gefunden, wissen sie alles gleich besser, auch ohne Platon gründlich gelesen zu haben. So ist ein solches persönliches Atlantis jeweils wie die Sorge: stets gefunden, nie gesucht.

Wir vermuteten, das Atlantis-Finden sei bei vielen als Ausdruck einer Lebenskrise. Friederike als angehende Medizinerin drückte es als Frage aus: "Ist Atlantis-Suchen Symptom eines psychischen Leidens oder ist es etwa ein eigenes Krankheitsbild oder aber ist es gar Selbstmedikation einer seelischen Störung und wenn letzteres, hat es eine therapeutische Wirkung?" Johanna als gelernte Werbefernseherin wusste sofort eine passenden Antwort: "Zu Risiken und Nebenwirkungen lesen sie einfach täglich Platons Texte und fragen sie auch ihr Gedächtnis!"

Ähnlich wie den Atlantis-Suchern erging es denen, welche nach den ‚Säulen des Herakles' suchten, aber doch nicht ganz so schlimm. Schließlich ist das Rätsel um deren Standort auch nicht so bedeutend für die Schatzsucher und Gelehrten, wie das Suchen nach dem Verbleib von Atlantis. Die Spekulationen werden aber meist im Zusammenhang mit der Atlantis-Suche gemacht, scheint doch der Ort der Säulen ein Schlüssel zur Lage von Atlantis zu sein, schließlich soll Atlantis ja *vor den ‚Säulen des Herakles'* gelegen haben. Also mussten diese Säulen ganz in der Nähe des jeweiligen Fundorts sein. Einer der Atlantis mit Kreta identifizierte, lokalisierte diese ‚Säulen des Herakles' denn auch gleich bei der Südspitze des Pelepones, dem Kap Tainarion und dem Kap Malea. Ein anderer, der Atlantis bei Troja lokalisiert, muß diese ‚Säulen des Herakles' auch gleich dort in der Nähe finden – oder wenigstens unbewiesen behaupten, genau eben wie sein Atlantis auch.

Unkritische Atlantis-Sucher zweifeln aber nicht daran, daß die ‚Säulen des Herakles' mit den Felsen von Gibraltar identisch seien und berufen sich auf Herodot (I 02,4), wonach das große Meer außerhalb der ‚Säulen des Herakles' das ‚atlantische' heiße und mit den anderen Meeren in Verbindung stünde. Da späteren Hunderte alter Griechen derselben Meinung waren, musste das mit Gibraltar ja wohl auch zweifelsfrei stimmen, meint ein zeitgenössischer Gelehrter in seinen Fußnoten zu seinem Atlantis. Berichte von antiken Seefahrern, wonach das Meer im Atlantik seicht sei und Untiefen hätte, bezog man stets fraglos auf den Atlantik. Aber als wir dann lasen, daß auch Aristoteles dieser Meinung war, da begannen sich bei uns ernsthafte Zweifel zu regen. Aber die verdrängten wir noch eine Zeitlang.

Die drei erdachten Atlantisse

Doch nun zu unserer konkreten Suche. Wir hatten keine Probleme, uns sofort als Experten im Atlantis-Finden zu fühlen. Schließlich war ja auch niemand vor uns in irgendeiner Weise erfolgreich gewesen. Dennoch besorgte ich mir ein paar Bücher mit dem Wort ‚Atlantis' im Titel. Die las ich alle an und wunderte mich. Alle diese Bücher handelten durchaus von der Atlantis-Suche. Doch es schien so, als ob jeder ein anderes Atlantis suchte. Aber alle bezogen sich schon irgendwie auf einen Bericht dieses griechischen Philosophen Platon. Doch von Atlantis fehlt bis heute noch jede konkrete Spur. Viele fanden zwar irgendwo irgendetwas, das sie für Atlantis hielten. Jeder berief sich dabei auf andere der zahlreichen Details, die Platon beschrieben hatte. Aber keiner konnte die übrige Welt überzeugen, daß sein Atlantis das richtige war. Doch jeder glaubte an sein Atlantis und hielt krankhaft daran fest. Wir wunderten uns mächtig über diese generelle individuelle Verblendung. Aber meine Frau fand das nicht besonders aufregend: "Wenn jeder seinen eigenen Wahn hat, ist das nicht weiter schlimm. Erst wenn alle einen gemeinsamen Wahn nachlaufen, dann bricht Nacht herein über den USA." Irgendwoher kannte ich den klugen Spruch, aber mit Marokko statt der USA. Doch ich weiß den Zusammenhang nicht mehr, worauf sich diese zum Thema passende Menetekel bezog. Jedenfalls betrachteten wir diesen Spruch als einen doppelten Fingerzeig, wo wir mit der Suche beginnen sollten, nämlich in Marokko. Das paßte nämlich auch zu der einzigen konkrete Aussage darüber, wo dieses sagenhaftes Atlantis untergegangen sein könnte. Platon behauptet nämlich,

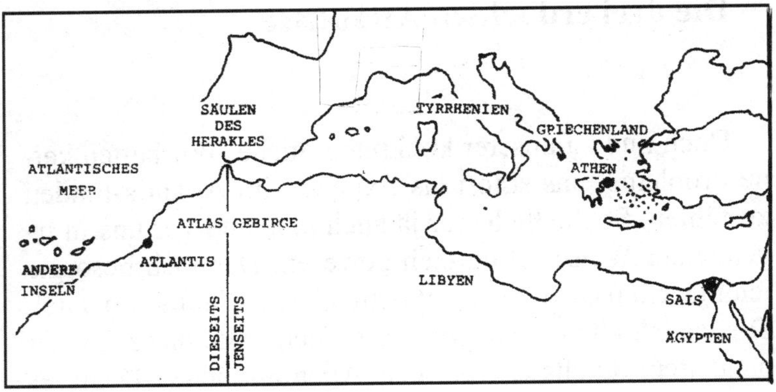

Atlantis zwischen Atlas und Atlantik

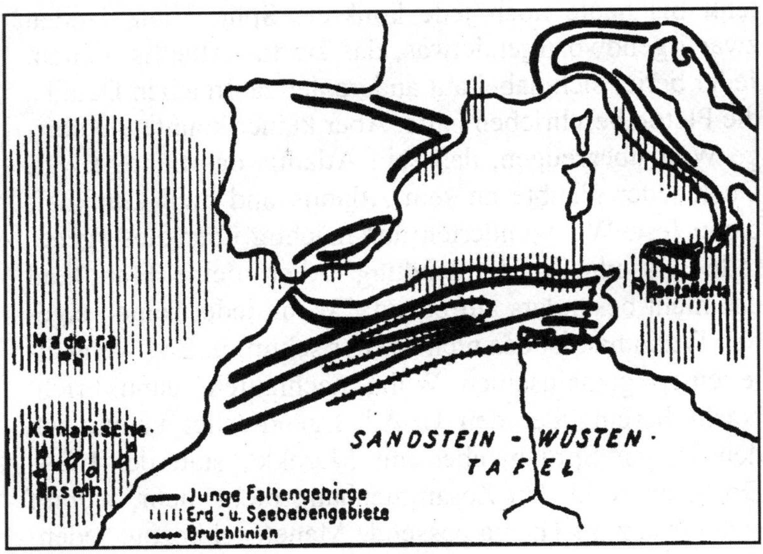

Erdbebenzonen im westlichen Mittelmeerbereich

Atlantis habe vor diesen ‚Säulen des Herakles' gelegen.

Wie alle anderen Atlantis-Sucher zuvor maßen wir Platons Atlantis-Bericht an unserem geographischen und mythologischen Wissen. Wir erinnerten uns, die ‚Säulen des Herakles' wurden schon seit ewigen Zeiten identifiziert mit Felsen links und rechts der Meerenge zwischen Mittelmeer und Atlantik, zwischen Spanien und Marokko, der Straße von Gibraltar. So lag es von schon von den Namen her nahe, vor den ‚Säulen des Herakles' Atlantis an der Atlantikküste des Atlasgebirges zu suchen. So bot sich die marokkanische Westküste für diese Suche an.

Wir wußten auch schon, daß bei den Griechen der Name *‚Atlantis'* soviel hieß wie *‚Tochter des Atlas'*. Atlas, ein Gott der griechischen Sagenwelt, trage das Himmelsgewölbe auf seinen Schultern. Er tue das irgendwo im fernen Westen der antiken Welt. Nach ihm war das ferne Atlas-Gebirge benannt worden. Dieses durchzieht Nordafrika von Ost nach West. Im Westen Afrikas grenzt dieses Gebirge an den Atlantik und der hat seinen Namen wohl auch von diesem Riesen und seinem Gebirge.

Ich erinnerte mich noch gut an das große Erdbeben, das die marokkanische Küstenstadt Agadir zerstört hatte. So meinten wir allen Ernstes, die atlantische Katastrophe habe im westlichen Marokko stattgefunden. Unsere Rechnung war simpel:

Vor den ‚Säulen des Herakles' + Atlantik + Atlas-Gebirge + 1 Katastrophenort = Atlantis-Fundort.

Klingt doch ganz logisch?

Ich besorgte mir als erstes eine Karte von der Gegend Westafrikas. Da war südlich von Agadir ein Fluß eingezeichnet und eine Küstenebene. Alles war genauso wie Platon es beschrieben hatte. Und geschichtsträchtig ist

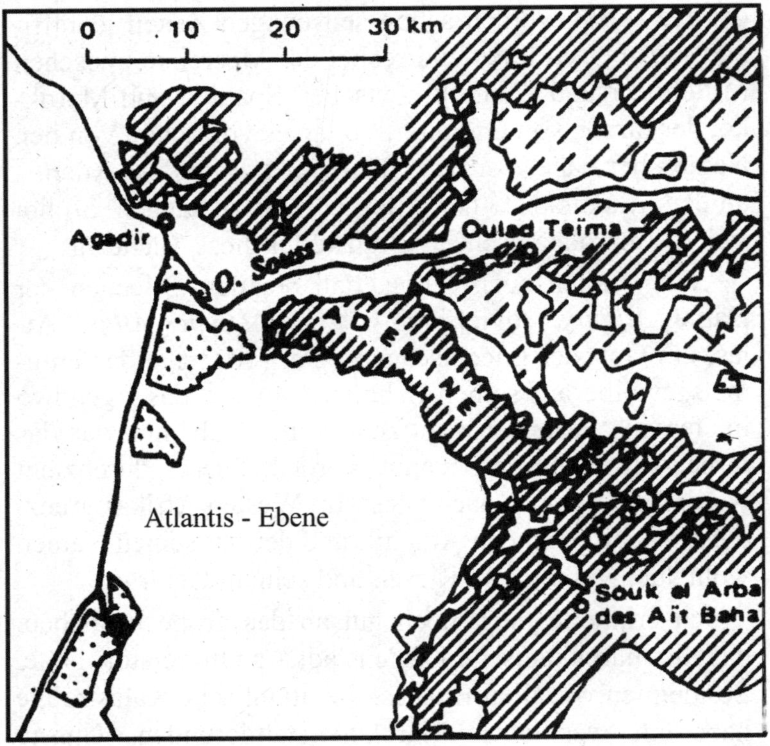

Die Sousse-Ebene bei Agadir, von deutschen Entwicklungsgeldern bewässert, ein Grund, dort ein frühgeschichtliches Kanalsystem zu suchen

die Gegend auf jeden Fall und das seit Jahrtausenden. Ich trug alle historischen und geographischen Fakten über diese Gegend zusammen. Es gab für diese Gegend viele interessante Hinweise im geographischen Werk des Ptolomäus. Dieser Ptolomäus war ein berühmter Wissenschaftler und vor allem Erdkundler der Antike gewesen (ca 100-160 n.u.Z.). Er hatte in Erläuterungen zu seinen Karten das Wissen zahlreicher antiker Autoren verarbeitet. Besonders ergiebig war dafür eine französische Doktorarbeit über die historische Geographie dieser Gegend von einem Paul Schmitt: *Le Maroc d'après la "Géographie" de Claude Ptolémée*, Centre de Recherches A. Piganiol, Tours 1973.

Dieser Paul Schmitt schreibt, daß es nach Plinius (ca 27-79 n.u.Z) dort vor Westafrika tatsächlich auch eine Insel namens Atlantis gegeben haben soll. Doch unser Herr Schmitt hatte nur eine winzige Insel Namens *Atlantide* vor der Küstenebene von Sousse südlich von Agadir eingetragen. Aber sie war zu klein für unsere Atlantis-Vorstellungen und meereskundlich gab es dort auch kein untergegangenes Land. Dieser Plinius war übrigens der Schwiegersohn des Agrippa gewesen. Und der hatte im Auftrag von Kaiser Augustus eine Weltkarte angefertigt.

Hatte sich dieser Plinius vielleicht nur einen Spaß daraus gemacht, einem unbekannten Inselchen den Namen Atlantis zu geben? Oder hatte dieser Plinius einfach nur Platons Atlantis in irgendwelches Seefahrerlatein hineininterpretiert oder es dort herausgelesen? Also suchten wir, bis wir einer solchen Fabel-Quelle auf die Spur kamen. Und wir fanden den Anfang des Knäuels des Seefahrergarns: Hanno, ein karthagischer Seefahrer hatte etwa um 450 v.u.Z eine Entdeckungsfahrt an die Westküste Afrikas unternommen. In seinem Bericht beschreibt er

Des Hanno
Heerführers der Carthaginenser Seereise neben der Küste der Libyschen Länder, die jenseit der Herculssäulen hinaus liegen: Er hat diese Nachricht davon in dem Tempel des Saturn aufgestellt. Ihr Inhalt ist dieser.

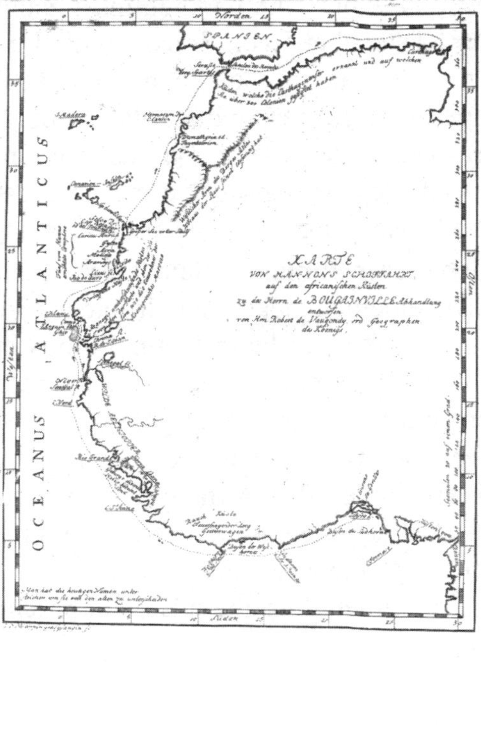

dramatisch die Entdeckung einer Insel in einer Flußmündung. Diese habe in einer 'Bucht der Abendröte' gelegen. Auf der Insel soll ein See gewesen sein mit wiederum einer Insel. Auf dieser Insel sei Geheimnisvolles geschehen. Nachts habe man dort ein Feuer gesehen und dumpfe Trommeln gehört. War das nicht eine eindeutige Parallele zu Platons Erzählung von Atlantis? Auch dort lag die Hauptstadt von Atlantis in der Mündung eines Flusses. Auch sie bestand aus Ringen von Wasser und Erde mit einer Insel in der Mitte. Auch bei Platon wurden nachts auf der innersten Insel mystisch-zeremonielle Versammlungen abgehalten. Ich mache jede Wette, Platon kannte diese Abenteuerstory und hat sie für seine Atlantis-Geschichte verwertet. Dies hat er sicher nicht nur getan, um seine Glaubwürdigkeit bei seinen Lesern, die solche Geschichten zu Genüge kannten, zu erhöhen. Es musste noch eine besondere Bewandtnis haben mit der Mischung von Land und Wasser. Aber das würden wir schon noch herausfinden.

Solche Berichte, Sagen, Namen von Völkern und Orten beflügelten natürlich meine Phantasie. Sie brachten mich dazu, die ganze Odyssee in dieses Küstengebiet vor Westafrika zu verlegen. Homers Epos von den Irrfahrten des Odysseus ist nämlich meine Lieblingslektüre. Auch bei Homer blieben die Ortsbezüge der Abenteuer des Helden Odysseus im Sagenhaften verborgen. Nun meinte ich vor Afrikas Atlantik-Küste jede Station der Irrfahrt des Odysseus wiederzufinden. Namen und Orte, Mythen und Wirklichkeiten paßten dort in nahtloser Folge verblüffend zusammen. Dann mußte ja unsere Lokalisierung von Atlantis in solch einem Umfeld auch stimmen. Die Doktorthese dieses Paul Schmitt über die antiken Landkarten dieser Gegend gab alles für diese Phantasien her.

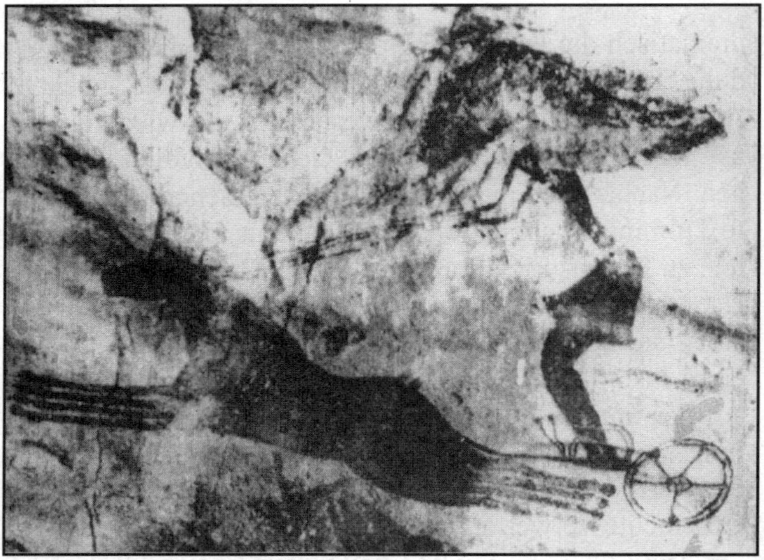

Felsmalereien vermutlich ägyptischer Wagenlenker irgendwo in der Sahara.

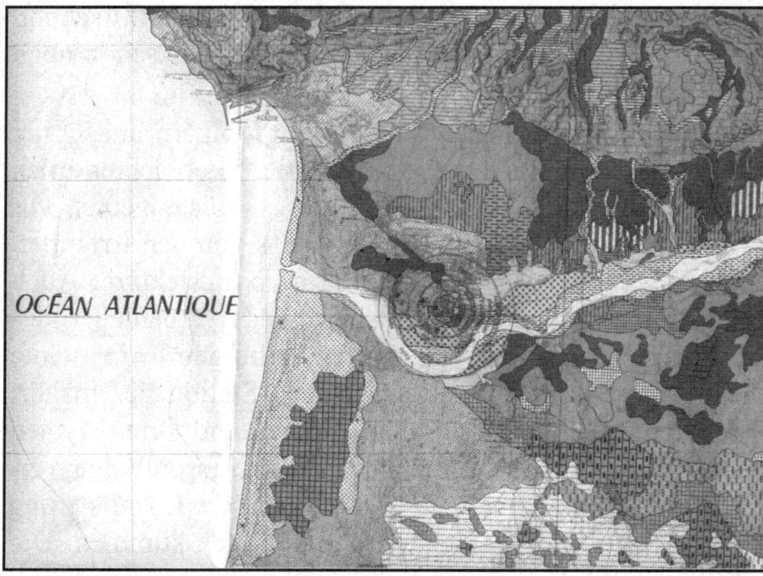

Geologische Karte der Sousse-Mündung bei Agadir mit einer Eintragung unserer ersten Atlantis-Lokalisierung

Gar zu gerne glaubte ich, daß ich damit unser Atlantis schon gefunden hätte. Täglich brachte ich neue dies bestätigende Gerüchte und Legenden daher. Danach soll sogar der Jonas aus der Bibel dort vom Walfisch verschluckt worden sein. Das ist doch der beste Beweis dafür, daß das Meer selbst auch ganze Kontinente verschlingen kann.

Auch eine ägyptische Pharaonen-Dynastie, die Salatiden, führte ich auf diese Gegend zurück. Quer durch die Sahara verfolgte ich deren Höhlenmalereien. Den Beweis für die Verbindung der Salatiden zu dieser Gegend sollte ein antikes Schwert aus deren Zeit liefern, das im Museum von Agadir einst gesehen worden sei. Leider scheint dieses Schwert verschwunden zu sein.

Für den letzten Beweis, daß Atlantis bei Agadir verschüttet ging, fehlte mir nur noch ein Djin, ein Flaschengeist, der mir den genauen Ort verraten hätte können. Stattdessen befragte ich einen promovierten Geologen, der heute als Gelegenheitswirt einen Weinkeller betrieb. Nach den Geschichten, die er sich von seinen Gästen anhören musste, durfte ich davon ausgehen, daß er Kolportiertes bewerten konnte. Und er hielt meinen Vorschlag von einer durch Erdbeben verschütten Atlanter-Stadt im Mündungsbereich des Sousse-Flusses am Rande der Sousse-Ebene, wenig südlich von Agadir für absolut möglich. Die bunte geologische Karte dieser Gegend, die ich mir von einem Geoverlag in Stuttgart besorgt hatte, würde völlig ausreichen, meine These glaubhaft zu machen. Einen weiteren Grund, Atlantis dort zu suchen, lieferte die Deutsche Bundesregierung. Sie finanzierte nämlich ein großartiges Bewässerungsprojekt für die Sousse-Ebene – und ging es in Platons Atlantis-Geschichte nicht auch um die Bewässerung einer großen Ebene?

Dieses Bild ging 1911 durch die Weltpresse als der ‚Panthersprung nach Agadir'. Aber das Schiff war nicht das deutsche Kanonenboot ‚Panther' sondern der ‚Kleine Kreuzer Berlin', aufgenommen im Juni 1911 während eines französischen Überfalls auf die Kasbah von Agadir. Die Besonnenheit des Kapitäns verhinderte damals eine Eskalation.

Das Kanonenboot ‚Panther' hat nur 2 Schornsteine

Ich scheute mich nicht, dem marokkanischen König einen Bericht über meine Erkenntnisse zuzuschicken. Ein Gymnasiallehrer für Französisch übersetzte ganze dreizehn Seiten meiner These perfekt ins Französische. Es war der ehemalige Primus aus meiner einstiger Schulklasse. Leider war er zu dieser Zeit psychisch etwas gestört. Aber in seiner Depression tat er mir leid und die Übersetzung dieser Chose sollte ihn etwas aufheitern. Aber der Arme war, wie sich später peinlich herausstellte, völlig humorlos und nur gierig auf Kohle für die Übersetzung, die er mir für ‚umme' versprochen hatte. Forget it. Nun ja, in seinem exzellenten Französisch mußte die Geschichte jedenfalls glaubwürdig geklungen haben. Ich wurde kurze Zeit später allen Ernstes in das Marokkanische Konsulat in Frankfurt eingeladen. Dort wurde ich von einem wirklichen Kulturattachée empfangen, den ich in meine kühnen Spekulationen einweihte. Er selbst wollte dem König Bericht erstatten. Gerüchten zufolge wurden später in der fraglichen Sousse-Ebene bei Agadir riesige Grundstücksgeschäfte getätigt. Vom dortigen Atlantis haben wir aber nie wieder etwas gehört. Meine These von einem Atlantis im fernen Westen Afrikas blieb somit leider unbestätigt. Wir tappten im Dunkeln. Nacht deckte das Ufer von Marokko.

Irgend etwas erinnerte mich daran, daß im Jahr 1911 ein deutsches Kanonenboot vor Agadir lag und ein falsches Photo durch die Weltpresse ging als Ausdruck deutscher Kanonenbootpolitik. Ein falsches Bild wurde richtig vermittelt. Auch damals war irgendetwas glaubwürdig verfremdet worden – wie bei Platons Atlantis?

Wir wollten Atlantis schon mit einem Staatsbegräbnis beerdigen, da vermittelte mir ein Freund einen Termin bei einem Bertelsmann-Verlag in München. Da mein

Spezi Diplomat bei der Uno war und dort zuständig für Migration in Katastrophengebieten, fühlte er sich auch dafür zuständig, daß das Flüchtlingsproblem, welches das Streben der Atlanter nach Weltherrschaft sicher auch hervorgerufen habe, untersucht und angeprangert würde. Als ich auf seine Fürsprache hin einen Termin beim Verlagsvorstand bekam, setzte ich meine beste Buster-Keaton-Miene auf und erläuterte den nadelgestreiften Herren meine Atlantis-bei-Agadir-These. Mein Vorschlag, ein Buch über dieses Atlantis zu schreiben, wurde jedoch nicht angenommen. Atlantis sei bereits soeben von einem anderen gefunden worden. Der hätte die Story aber leider schon an die Konkurrenz verkauft. Droemer-Knaur hätte Millionen dafür bezahlt. Und zwei Atlantisse nähme der Markt nicht auf. Ich habe noch alles versucht, um mit meinem Atlantis anzukommen und habe den Verlagsoberen noch erzählt, ich sei von Columbus inspiriert worden. Genau am 500sten Jahrestag der Entdeckung Amerikas hätte ich von meiner Entdeckung von Atlantis geträumt. Aber selbst diese Berufung auf eine übersinnliche Fügung half nichts mehr. Nur wenn ich atlantische Ufos im Angebot hätte, ließe man mit sich reden. Dann würde man den STERN dafür interessieren. Dorthin hätte man konzerninterne Connections. Doch der STERN hatte die Pleite bei der Veröffentlichung der gefälschten Hitlertagebücher noch nicht verdaut. Daß die Redakteure dort Angst hatten, schon wieder möglicherweise einer Ente aufzusitzen, verstand ich. So wurde nix aus der Atlantis-Müllion. Dafür wurde ich um ein wichtiges Wissen reicher. Das kam so: Platon hatte in seinem Atlantis-Text irgendetwas erzählt über eine ‚runde Frucht'. Bei einem anderen Atlantis-Finder hatte ich gelesen, damit seien Orangen gemeint gewesen. Das hatte ich in meiner Deutung kritiklos übernommen. Dazu meinte nun der Biologe vom Dienst des STERN, Orangen seien erst lange nach Platons Zeit im Mittelmeerraum heimisch gemacht worden. Ich solle also besser eine andere Frucht hineindeuten oder mein Atlantis woanders hin verlegen, eben dorthin, wo Orangen herkämen, halt in den persisch-arabischen Raum. Und dann fragte er noch, ob ich schon mal daran gedacht hätte, ob nicht Platon selbst oder schon Solon, der die Berichte selbst nur vom Hörensagen kenne, oder gar der ägyptische Priester, der sie Solon kolportiert habe, als ob nicht einer von denen selbst einem Ammenmärchen aufgesessen sei. Also gründlich recherchiert habe Platon ja wohl kaum. Jedenfalls würde man das heute jedenfalls von Journalisten erwarten.

Den Gedanken, daß Platon selbst einer Lügengeschichte aufgesessen sei, verwarf ich jedoch nachdrücklich. Dazu war mein Respekt vor Platon viel zu groß. Aber daß Platon sich vielleicht von Seemannsgarn hatte inspirieren lassen, das räume ich ein. Wenn man so etwas richtig einsetzt, kann das schon auch Sinn machen. Ich habe mich mit meiner Atlantis-Geschichte ja auch im Fabulieren geübt. Bei jedem Mal Erläutern wurde ich besser. Und schließlich bot ich diese Atlantis-in-Marokko-Entdeckung der mir stets gewogenen Lokalpresse an. Die humorvolle Heimatredaktion widmete eine ganze Seite diesem fernen Atlantis. Und auf der Straße wurde ich in den nächsten Tagen respektvoll gegrüßt und die Redakteurin schmunzelte mich stets an, wenn wir uns auf der Strasse begegneten.

Die Stuttgarter Zeitung erwähnte unser marokkanisches Atlantis weniger humorvoll im *Bunten Allerlei,* also in der Witzspalte. Aber wenigstens las es dort der Chef der Stuttgarter dpa-Agentur. Ich war nicht wenig

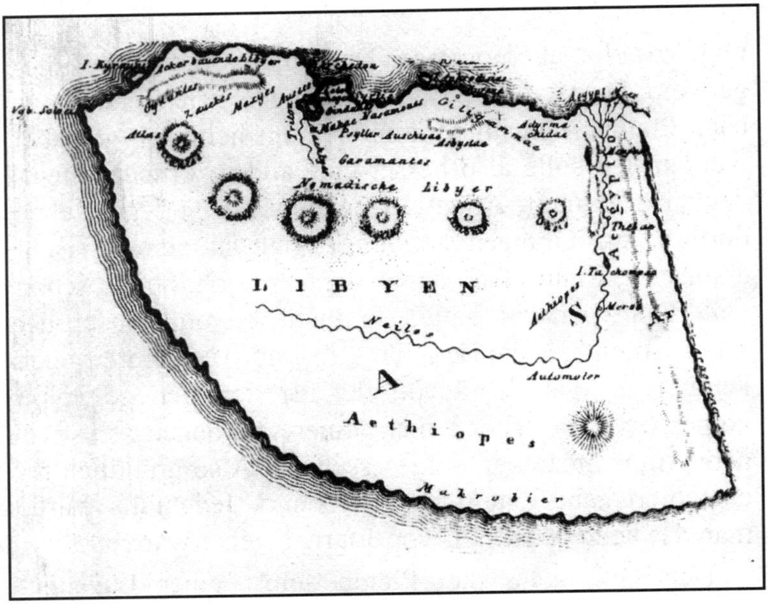

Rekonstruktion einer Landkarte zur Beschreibung Afrikas von Herodot im 5. Jh. V.u.Z.

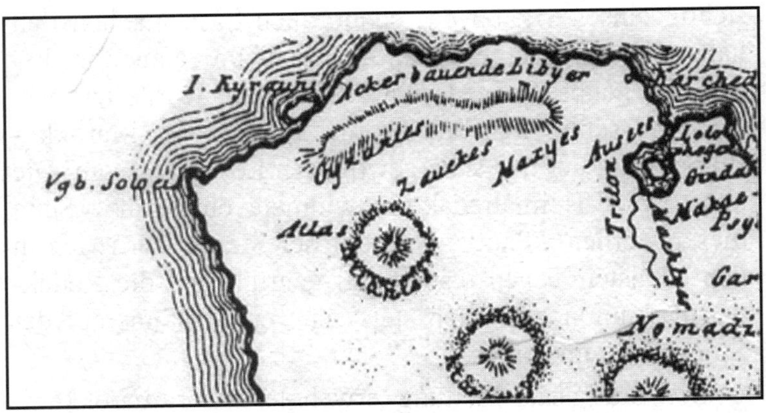

überrascht über seinen Anruf. Wir machten einen Termin aus und ich erläuterte ihm meine Marokko-These. Doch unser atlantisches Atlantis lag diesem engagierten Journalisten zu weit weg von Griechenland. Als ich fragte, ob es auch ein bißchen näher sein dürfe, war er gleich dabei. So fanden wir unser nächstes Atlantis, diesmal wunschgemäß etwas mehr in Richtung Griechenland. Dabei landeten wir beinahe schon fast im Mittelmeer.

Irgendwie kamen wir bei unserer erneuten Suche nach Atlantis-in-Richtung-Griechenland, an diesem Gebirge mit dem Namen *‚Atlas‘* nicht vorbei. Schließlich bedeutet ‚Atlantis' ja auch nichts anderes als ‚Tochter des Atlas'. Dieses Atlas-Gebirge erstreckt sich über den gesamten nördlichen Teil des westlichen Afrikas. Am Mittelmeer reicht es von der Kleinen Syrte im Osten bis zur Meerenge von Gibraltar, im Südwesten bis nach Agadir im Süden bis zur Sahara. Bis jetzt hatten wir im fernsten Westen dieses Gebirgszugs nach unserem Atlantis gesucht. Atlantis mußte ja am äußersten Ende der antiken Welt gewesen sein. Aber dieser 'ferne Westen' und auch 'das Ende der Welt' der Antike sind etwas Relatives. Die alten Griechen hatten ja ihr Weltbild immer wieder stückweise erweitert. Als Atlantis Griechenland bedroht haben soll, war deren Erdkreis vielleicht noch gar nicht soo groß. Da könnte der ‚wilde Westen' der Antike noch im Osten des Atlas gewesen sein. Andererseits nennt Herodot Mitte des 5.Jh.v.u.Z bereits ein gaanz fernwestafrikanisches Volk der Atlanter (Hdt.1,184-5). Jener Geschichtsschreiber und Geograph relativiert sich aber selbst. Die bei ihm genannten Nachbarvölker der ‚Atlanter' wohnten nämlich im Mittelmeerraum nahe der Kleinen Syrte.

Wiederumhingegen spräche die Überlieferung eines Diodor doch für ein Atlantis am Atlantik. Diodor war ein

Triton und Nereide,
aus Meyer's Konversationslexikon nach einer Statue in Neapel

griechischer Kulturgeschichtler und wirkte in Alexandrien zur Zeit Cäsars. Nach dessen Mythologie erhielt Atlas aus dem Erbe seines Vaters Uranos die Gegend am Ozean, und damit war wohl der Atlantische Ozean gemeint. Dieses Meer trug nämlich schon seit irgendwann in der Antike den Namen des Gottes 'Okeanos'. Homer stellte sich dieses Gewässer noch vor als einen die scheibenförmige Erde umkreisenden Fluß. Der Gott Okeanos war der Vater aller Flüsse, des ganzen Meeres, der Quellen und Brunnen. Er herrschte im Westen am Ende der Welt. Bei Diodor wurden die Einwohner dieses fernen Gebietes des Atlas ‚Atlantier' genannt. Es sei ein friedliebendes Volk gewesen. Diodor berichtet aber auch von einem den Atlantiern benachbarten, weniger friedlichen Stamm der Amazonen. Jenes sagenhafte Volk kriegerischer Frauen hätte einst die Atlantier besiegt. Diese Emanzen wohnten angeblich auf einer Insel Hespera (Abendinsel). Dies spräche auch für Hannos Bucht der Abendröte im ganz fernen westlichen Westen. Aber bei Diodor soll diese Insel jedoch auch in einem Triton-See gelegen haben. Und einen solchen Triton-See hatten antike Mythendeuter bereits im Osten des Atlas angelegt. Kein Wunder also, daß da noch heute relative Verwirrung herrscht. Es war schon in der Antike nicht klar, ob das Eine oder das Andere das Richtige und das Wahre sei. Wir entschieden uns einfach im Osten des Atlas-Gebirges nach weiteren Atlantis-Hinweisen zu suchen. Mit Hilfe eines dicken Lexikons wurden wir auch bald fündig. Im *Buch der Jubiläen* sei ein *Atel-Meer* für diese Gegend erwähnt. Dieses Werk ist ein Apokryphenbuch zum Alten Testament. So nennt man frühe Begleitschriften zur Bibel mit unsicherer Zuordnung. Deren Inhalt wurde als nebensächlich oder polemisch nicht in die Bi-

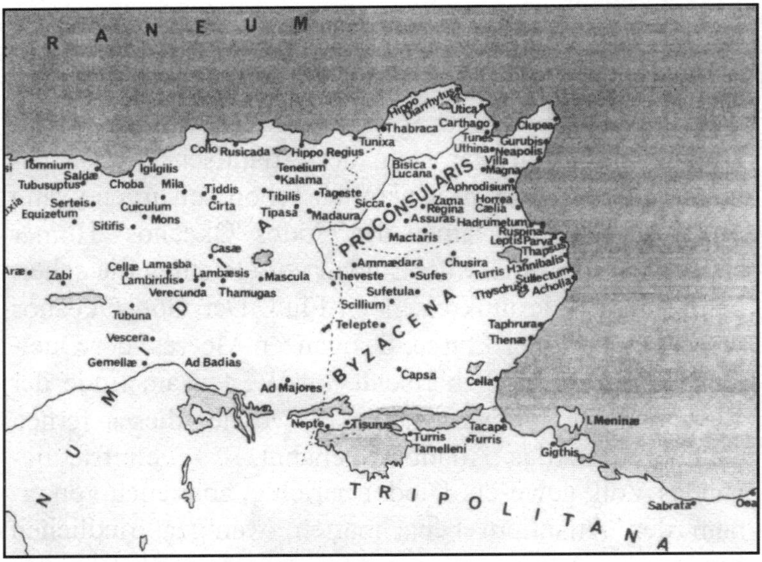

So soll der Tritonsee zur Römerzeit ausgesehen haben

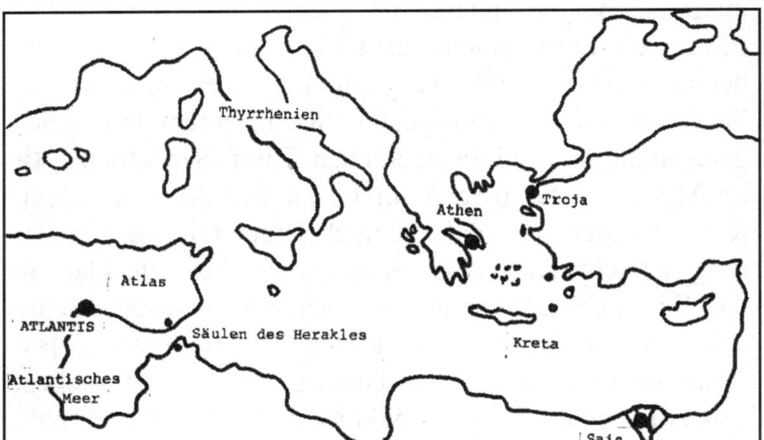

Und am nordwestlichen Rand des vor Urzeiten vermutlich noch größeren Tritonsees vermuteten wir unser zweites Atlantis

Bibel aufgenommen. Dennoch ist es in diesem Fall recht interessant. Das Buch enthält nämlich Informationen über das frühantike geographische Weltbild. Es beschreibt die Länder der Söhne Noahs: Sem, Ham und Japhet. Hams Reich reichte im Westen bis zu diesem Atel-Meer. Nach diesem Meer soll es weiter westlich noch bis zu einem anderen Meer gehen. Und nun streiten sich die Gelehrten, welches Meer denn nun dieses Atel-Meer sei. Da weiter westlich nur noch ein Meer, der Ozean, liege, müsse dieses Atel-Meer im Osten des Atlas-Gebirges zu suchen sein. In dieser Gegend bietet sich ein ausgetrocknetes Binnenmeer als Atel-Meer an. Da dieses einstige Meer - verschwunden ist, ist vielleicht Atlantis mit ihm untergegangen. Die Ähnlichkeit im Namen und im Schicksal legten uns dies nahe.

So suchten wir ein neues Atlantis im heutigen Algerien, am Rand des Schotts. Das ist dieses bereits zu prähistorischer Zeit nahezu ausgetrocknete, einst riesige Binnenmeer. Der kümmerliche Rest davon trug in der Antike den Namen *Triton-See.* Fast jede Lagune in Norden oder Westen Afrikas trug damals diesen Namen. Man nahm an, daß diese Lagune Tritons einst eine Verbindung zum Mittelmeer gehabt habe. Triton war bei den alten Griechen eine Meergottheit gewesen, ein Sohn des Poseidon. In der Argonautensage kommt auch ein solcher Triton-See vor. Die griechischen Seehelden, die Argonauten, seien vom Kurs abgetrieben worden. Daraufhin hätten sie ihr Schiff tagelang durch die libysche Wüste getragen. Sie kamen schließlich zu einem Meer, dessen Ausgang zum Mittelmeer sie nicht fanden. Nur mit Hilfe des Seegottes Triton seien sie wieder hinausgelangt. Vielleicht wurde eben dieser Triton-Salzsee einst auch Atel-Meer genannt. Schließlich lag dieser vor- oder frühgeschichtli-

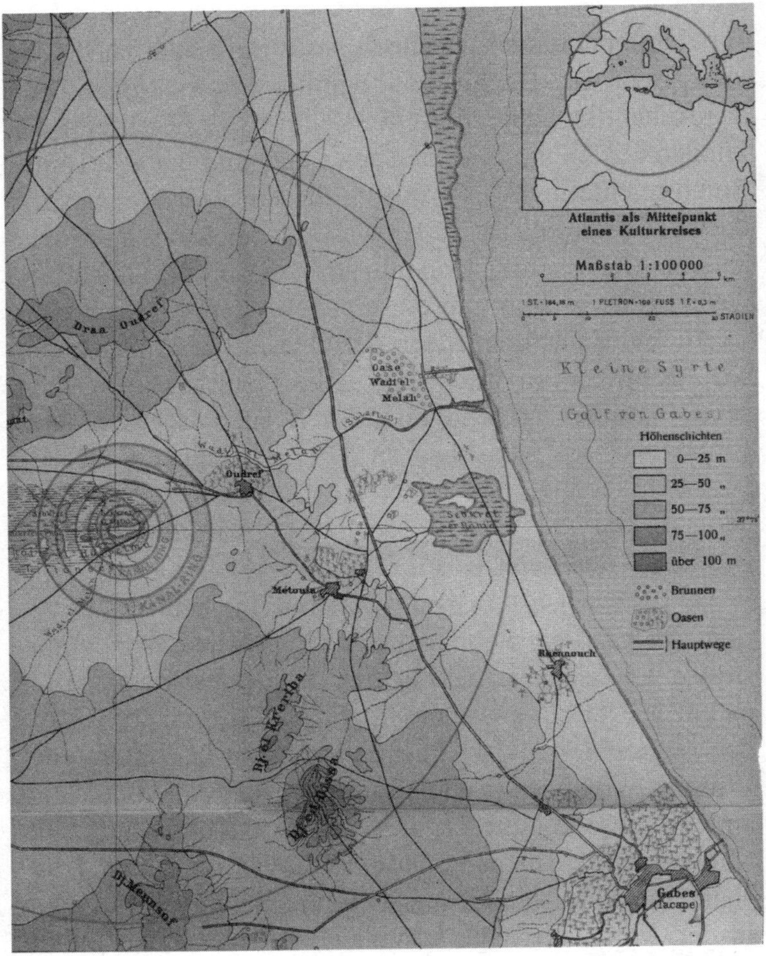

Das ist die so schön bunte Karte des Herrmann'schen Atlantis im Schot-el-Djerid nahe der Bucht von Gabes in der Kleinen Syrte. Es ist schon bewundernswert, wie Platons Atlantis dort hineingepasst wurde, wo es hin sollte. Dabei ist das nur die Hälfte einer der beiden Karten.

che riesige See ja auch zu Füßen des Atlas-Gebirges. Wann genau er vollends austrocknete ist übrigens nicht überliefert.

Bei einem Sonntagnachmittagskaffeeundkuchengespräch schlug ich unserem Team also vor: "Laßt uns unser neues Atlantis in dieser Gegend finden!" Ausschlaggebend war aber nicht der Name Atel-Meer sondern meine Schwäche für Karl May. Ich schwärmte nämlich auch für dessen Orient-Geschichten. Ich meinte, eine seiner Abenteuergeschichten spielte in diesem *Schot-el-Djerid*. Das ist eben dieser Salzsee am nördlichen Sahara-Rand, im Südosten des Atlas-Gebirges. Am nordwestlichen Rand dieses Schot-el-Djerid soll es auch jede Menge antiker Funde geben. Die waren zwar aus der Römerzeit, aber die ist ja auch schon lange her. Und diese antiken Funde sprechen für eine Siedlungskontinuität in der Antike. Nun ja, vielleicht war unser Atlantis eine Insel in dieser Gegend des ehemaligen Salzsees glaubwürdig. Also trug ich Wissenswertes über diese Gegend zusammen.

Zu meiner Überraschung lernte ich, daß in den zwanziger Jahren des zwanzigsten Jahrhunderts zwei seinerzeit gut renommierte deutsche Geographieprofessoren P. Borchardt und A. Herrmann hatten ihr Wüsten-Atlantis bereits am nordöstlichen Rande dieses Salzsees behauptet hatten. Nur gefunden hatten sie nichts. Eines hatte mich aber beim Atlantis-Angebot dieses Geographen Herrmann ganz besonders beeindruckt: das waren dessen schön bunte Landkarten gewesen. Die sahen wirklich überzeugend aus dafür, daß dort nur Wüste war. Da war ich mit den bunten geologischen Karten aus Marokko ein Waisenknabe daneben. Und noch eins gefiel mir, nämlich die Infragestellung des ansonsten allgemein nie bezweifelten Standorts der ‚Säulen des Herakles' bei Gibraltar.

Und eben koordinierte Zweifel an der Lokalisierung des Säulenorts bei Gibraltar hatte die beiden Forscher überhaupt erst in diese Gegend am Salzsee geführt.

Die beiden Erdkäs-Lehrer hatten nämlich herausgefunden, daß es irgendwo an der Küste der Kleinen-Syrte einen Herakles-Tempel gegeben haben soll. Hier in der Nähe von Djerba könnten ja tatsächlich Stelen gestanden haben, die der Verehrung dieses Halbgottes dienten. Nach der Wunschvorstellung dieser Gelehrten lag dieser Tempel an der von ihnen vermuteten einstigen Verbindung dieses Salzsees mit dem Mittelmeer. Platon sagt nun, Atlantis lag ‚jenseits' dieser Säulen. Das, so meinten unsere zwei Weisen, weise unmittelbar zu diesem in seiner Lage als gesichert angesehenen nordwestlichen Ausgang des Salzsees zum Mittelmeer.

Diese Idee mit den ‚anderen' Säulen war echt gut. Das östliche Ende des Salzsees hatten unsere Vorgänger bereits vergeblich abgesucht. So war unsere Entscheidung für das westliche Ende des Sees vielleicht doch nicht so ganz falsch. Tochter Johanna hatte auch nichts dagegen, denn sie faszinierte Wüste ganz allgemein. Ich weiß nicht, wie oft sie den großen Walt-Disney Film *'Die Wüste lebt'* gesehen hatte. Und hinzu kam: in der Wüste war die Atlantis-Suche für uns eher möglich als am Meeresgrund. Dieser war nämlich für uns so gut wie unzugänglich. Tochter Friederike hatte zu dieser Begründung unserer neuen Vorzugslage für Atlantis jedoch nur einen völlig humorlosen Kommentar: jeder Betrunkene suche seinen irgendwo verlorenen Hausschlüssel vorzugsweise unter einer Laterne, weil es dort zum Suchen am hellsten sei. Nun ja, vielleicht gerade deshalb besorgte ich auch gleich große Karten des Schots. In Flurnamen - dafür bin ich Spezialist - fand ich rasch die nötigen Hinweise auf unser am südöstlichen Rand des Atlas-Gebirges postuliertes Atlantis. Die ganze antike Götterwelt und alle Sagengestalten war in Relikten römischer Namen dort am nordwestlichen Gegend des Schot versammelt. Atlantis war wieder einmal gefunden. Wenigstens schon beinahe.

Und so gelangte mit Hilfe des geneigten Journalisten dieses Wunsch-Atlantis weltweit in die Presse als der Weisheit letzter Schluß. Manche Zeitungen druckten eine von mir erdachte Landkarte des Schotts vor dessen Austrocknung. Sogar vier Rundfunkinterviews gab ich in meinem 'Originalton Süd', das heißt in breitestem Schwäbisch. Von überall her kamen Anrufe und Leserbriefe. Überraschend viele stimmten diesem Atlantis begeistert zu. Sie hätten es schon immer gewußt, daß es dort sei. Nur einer hielt mich für einen ausgemachten Idioten. Das war der alte Pastor Spannuth aus Hochnorddeutschland. Er selbst hätte das wahre Atlantis längst vor Helgoland gefunden. Immerhin hatte der Pastor einen Mammutstoßzahn aus dem Wattenmeer vor Helgoland als Beweis für sein Atlantis. Denn Platon hat erwähnt, daß es in Atlantis Elefanten gegeben hätte. Aber was gilt schon ein in der Nordsee aufgetauchter Elefantenzahn gegen unser Atlantis, denn in Afrika, wo unser Atlantis lag, gibt es bekanntermaßen schon immer Elefanten. Dieser greise Pastor war schon lange ein ewig Gestriger, den das Schicksal bestraft hatte, weil er zu spät gekommen war. Er hatte sein vaterländisches Atlantis nämlich erst kurz nach dem Untergang des Großdeutschen Reiches gefunden. Hätte er es noch davor gefunden, hätte ihn der Reichs-Propagandaminister berühmt gemacht. Schließlich war Helgoland ein Symbol des Dritten Reiches, war ja dort auch die deutsche Nationalhymne entstanden.

Doch das Blatt wendete sich. Als nach dem Umsturz

dieser Pfarrer Spannuth mit einem germanischen Atlantis unter dem Arm daherkam, da sind die sich geistig neu orientierenden Gelehrten des Nachkriegsdeutschlands mit bösartigen Angriffen über ihn als Ewiggestrigen hergefallen. Er wurde bei Atlantis-Veranstaltungen in den fünfziger Jahren von neu etablierten und zwischenzeitlich sicher auch politisch umgeschulten Wissenschaftlern regelrecht niedergeschrieen. Sie handelten nach dem Motto: Jeder Fehler erscheint unglaublich dumm, wenn andere ihn immer noch begehen. So straften sie ihn ab für seine Unbelehrbarkeit. Es soll sogar Saalschlachten in diesem Entnazifizierungsprozeß des geographischen Gedankenguts gegeben haben. Aber offensichtlich hält Pastor Spannuth bis heute zäh an seinem Atlantis fest. Aber es gab auch Erfreuliches, wie eben ein kleines, passendes Buchgeschenk für mich. Es war von dem Journalisten, der die weltweite Publicity für unser Wüsten-Atlantis inszeniert hatte (Hollstein, Hans: *Zeitungsenten, Kleine Geschichte der Falschmeldungen*, Stuttgart, Bertelsen 1991). Der nette Journalist ermunterte uns auch noch, weitere Atlantisse zu suchen. Dann entdeckten wir, daß dieser teutsche Geographie Professor Herrmann, einer von denen, die ihr Atlantis am Triton-See gefunden hatten, seinem Führer weismachen wollte, daß der Oberarier, der einst das nordafrikanische Atlantis eroberte und *Tunis* gründete, auch noch *Tünnes* geheißen habe – so wie die Kölner Witzfigur:

‚Tunis hat seinen Namen nachträglich nach dem nordischen Seefahrer Tünis erhalten. Dazu kommt jetzt, daß der ältere Name Tyrus auf den finnischen Gott Thyr zurückgeht, der vielleicht dem Thor der nordischen Sage entspricht. Ob der dritte Name Neftunia mit dem römischen Neptunus zusammenhängt oder nur ein Zusatz der

Fälscher ist, wollen wir hier unerörtert lassen.'

(Hermann, Albert: Unsere Ahnen und Atlantis, Berlin 1934, S.77)

Dieser Geograph meinte es ernst und merkte wohl vor lauter vorauseilendem Gehorsam nicht, daß er selber dabei zur Witzfigur und zum Fälscher wurde. Doch er war es nicht, der uns davon abbrachte unser Atlantis an jenem Triton-See in der nördlichen Sahara zu suchen. Wir wollten unser nächstes Atlantis zwar an einem ideologiefreien Ort suchen. Beim Nachdenken darüber wurde uns jedoch bewußt, daß dies nur eingeschränkt möglich ist. Ideologisches spielte bei vielem, was wir über das Atlantis Anderer lasen, eine Rolle. Je älter die Quellen waren, desto - weniger schienen sie weltanschaulich belastet zu sein. Das kam aber wohl nur wohl daher, daß uns hier der Zugang zum damals Tagespolitischen fehlte. Doch uns wurde schon klar, wie insbesondere die geisteswissenschaftliche Literatur durch machtdreiste Regierungen einen Werteverlust erfährt.

Es war nicht nur die Distanz zu dem politischen Wahn, es waren mehrere geomorphologische Veröffentlichung, die uns den Abschied von einem Atlantis im Schot-el-Djerid leicht machte. Danach habe eine Untersuchung der Muschelablagerungen ergeben, daß Muscheln dieses Triton-Sees nicht im Mittelmeer vorkommen und umgekehrt. Das heißt, daß es in geologisch relevanter Zeit nie eine Verbindung dieses Salzsees zum Mittelmeer gegeben haben konnte.

Wir suchten also ein neues altes Atlantis. Wir gingen wieder zu den Anfängen der Atlantis-Überlieferungen zurück, um sie geographisch neu auszulegen. Da wir aber nun schon einmal in der Gegend waren, blieben wir in Nordafrika, auch wenn wir uns deutlich vom

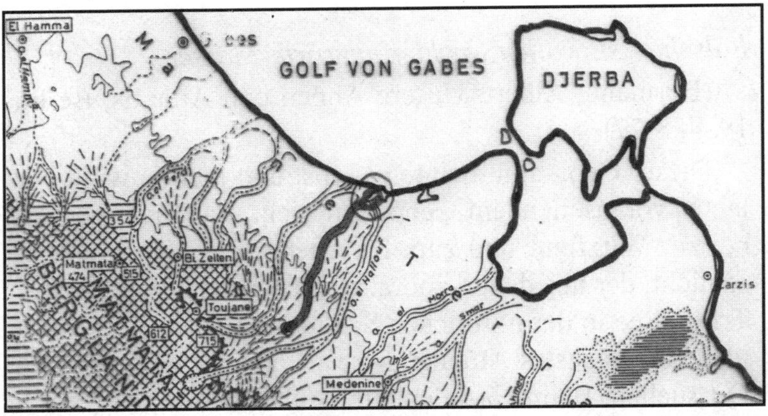

Hier in der Mündung eines Flusses Zeuss lokalisierten wir unser drittes Atlantis

So sieht heute die Mündung des Zeussflusses ins Mittelmeer aus, voller Sandbänke und Inseln

ideologisch besetzten Salzsee und vom normannischen Tunis fernhielten. Schließlich konnten die Atlanter des Herodot ja auch im Süden der Kleinen-Syrte, direkt an der Küste, gewohnt haben. Schließlich ist das mit dem Atel-Meer im Buch der Jubiläen auch gar nicht so klar beschrieben. Schließlich muß dieses Atel-Meer nicht unbedingt ein nordafrikanisches Binnenmeer gewesen sein. Schließlich könnte eben dieses Atel-Meer ja auch das Wattenmeer der Kleinen-Syrte gewesen sein. Also, warum nicht Atlantis im Bereich dieses Meerbusens suchen? Aber dann bitte im ideologiefreien Süden.

So entdeckten wir dann unser drittes Atlantis auch tatsächlich am Mittelmeerufer der Kleinen-Syrte. Es lag in Tunesien ganz in der Nähe von Djerba. Und scheinbar stimmte dort auch wieder alles mit Platons Beschreibung überein. Ich fasse unsere Überlegungen zusammen:

- Irgendwo in der Nähe soll es irgendwelche ‚Säulen des Herakles' gegeben haben.
- Die Gegend ist immer noch in der Nähe des vielleicht namensgebenden Atlas-Gebirges.
- Die Kleine-Syrte könnte sogar das Atel-Meer aus dem Buch der Jubiläen gewesen sein.
- Die Atlanter des Herodot könnten durchaus hier im Westen Libyens gewohnt haben.
- Die Namen der Nachbarstämme der Atlanter sind dort heute noch geläufig.
- Die Amazonen, welche die Atlanter besiegten, sollen auch in der Nähe gewohnt haben.
- Im Ort *Gourine* vermuten wir die neue Atlanter-Hauptstadt *Cerne* des antiken Historieschreibers Diodor
- Es gibt dort eine Küstenebene mit Oasen üppiger

Fruchtbarkeit samt Bergen im Hintergrund

- Die Flüsse von diesen Bergen führen heute noch zu gewaltigen Überschwemmungen.
- Im Fluß-Geröll kommt eine Zinkverbindung vor, sicher jenes geheimnisvolle Bergerz 'oreichalkos' der Atlanter.
- Ein Fluß nahe Gourine/Cerne trägt den in diesem Zusammenhang fast überwältigenden Namen *Zeuss*.
- Die ringeförmige Hauptstadt der Atlanter paßt größenmäßig genau in das Mündungsdelta des Zeuss-Flusses.
- Das Ende einer Karawanenstraße aus dem Landesinneren bewirkte den sagenhaften Reichtum von Atlantis.
- Elefanten, die es in Platons Atlantis gab, sind auch für Nordafrika historisch belegt.
- Es gibt in den Bergen den Flurnamen Gadeira, nach Platon äußerster Teil von Atlantis.
- Römische Ruinen und Limitationen sind dort noch vorhanden und zeugen von Siedlungskontinuität.
- Und die Berber dort tragen noch heute blaue Festkleider, so wie Platon dies für die Atlanter-Könige beschreibt.
- Und, und, und ...

Also, auch dieses Atlantis stimmte! Es war nichts dagegen einzuwenden. Es fehlen aber sicher archäologische Funde. Nachgeschaut haben wir zwar nicht, aber wir hatten ja gelernt, daß wir für jeden beliebigen Ort der Welt ein Atlantis glaubhaft machen können. Mindestens so glaubhaft wie das der anderen Atlantis-Finder, die über ihre Atlantisse Bücher schreiben und Fernsehfilme drehen, die auch noch gesendet werden.

Die zwiefachen ‚Säulen des Herakles'

Es hatte mir bei der Entdeckung unseres dritten Atlantis geschienen, als ob wieder einmal alles zusammengepaßt habe. Wir hatten ein wunderschönen Platz für Atlantis gefunden, scheinbar ganz im Sinne Platons. Waren wir am Ende doch am Anfang einer historischen Entdeckung? Es fehlte nur noch der Kulturschutt von Atlantis. Dennoch war Tochter Johanna massiv unsicher geworden.

"Treffen denn nicht viele solcher vermeintlichen Hinweise auf viele Gegenden zu?" fragte sie mich.

Ich lachte nur: "Ja sicher. Die Grundstruktur von Platons Atlantis-Fiktion ist wohl recht eng an die Realitäten angelehnt: fast zu jeder Küste gehört eine Küstenebene, und hinter fast jeder Küstenebene ragen Berge auf, und der Rest ist so bunt, daß jeder Atlantis-Sucher etwas findet, das ihm an der Stelle, wo er sein Atlantis finden möchte, in den Kram passt. Und manche Atlantis-Attribute decken halbe Kontinente ab. So tragen die Berber in ganz Nordafrika blaue Festtagsgewänder – etwa so, wie die Atlanter-Könige. Und wenn dann etwas bei Platon gar zu sehr von dem gefundenen Atlantis abweicht, so hat sich wohl Platon geirrt, oder schon Solon oder gar schon der ägyptische Priester. Oder andere fanden es vielleicht auch ganz lustig, ihr Atlantis gerade hier oder dort zu finden. Sie hinterließen dann alte Namen und dorthin übertragene Sagen und sie sorgten damit reichlich für Stoff von vermuteten und erdachten Zusammenhängen. Solche Flurnamen und lokale Sagen können hier wie dort Relikte früherer Atlantis-Sucher sein, in die wir dann hineintreten. Was wir – und andere – gemacht haben ist wie die Heidelberger Springprozession in die vielen Hundehaufen auf der dortigen Hauptstrasse."

"Und du meinst, in die Atlantis-Spuren anderer traten auch wir einfach nur kulturbeflissen hinein?"

„Ja, und? Was soll's? Hauptsache du hast hinterher deine Kritikfähigkeit unter Beweis gestellt. Und dazuhin hast du jetzt die antike Sagenwelt und ihre Berichterstatter etwas kennengelernt. Und Nordafrika kennst du jetzt auch - von Marokko über Algerien bis Tunesien. Und im Landkartenlesen bist du jetzt auch perfekt. Und wie eine Ente um die Welt geht weißt du jetzt auch. Aber am Schönsten finde ich doch, daß du das Zweifeln gelernt hast, vor allem den Selbstzweifel"

Aber neben Zweifeln plagte uns der Unernst, mit dem wir bisher unsere Atlantisse fanden. Auch ein Spiel, wie unser Atlantis-Such-Spiel gehört ernsthaft betrieben. Nach diesem Ausflug in den atlantischen Schwachsinn kam wir wieder auf Platons Atlantis zurück. Es machte uns nämlich betroffen, uns gelegentlich selbst im Spiegel der Eitelkeit zu erkennen. Friederike bemerkte, daß auch bei der Gelehrsamkeit jeder seinen Platon ganz individuell vereinnahmte. Auch professionellen Platondeutern gerieten ihre Äußerungen zur Atlantis-Geschichte zum Spiegel ihrer eigenen Persönlichkeit. Wir bezogen solche Erkenntnis nun nicht mehr nur auf die Naturwissenschaftler und ihre Experimente. Dieses sich in seiner Arbeit zu spiegeln scheint eine generelle Gesetzmäßigkeit zu sein. Außerdem beeindruckte uns die offensichtliche Ergebnislosigkeit der Gelehrsamkeit von Jahrtausenden in der Atlantis-Frage. Dies nährte unsere Vermutung, die Atlantis-Geschichte habe einen verborgenen Sinn, welcher dem von Aristoteles geprägten Denken nicht faßbar war. Deshalb wollten wir versuchen, das Atlantis-Rätsel mit Platons Denkvorgaben zu lösen. Getrieben wurden wir allerdings vom drohenden Eingeständnis der eigenen Hilflosigkeit. Aber am meisten plagte uns nun doch die Neugier, was Platon hinter dem Atlantis-Logos verbarg. Dazu mußten wir unbedingt Platons verdeckende Ironie überwinden, die wir ansatzweise zu erkennen meinten.

Unsere Atlantis-Neugierde wurde nun zur intellektuellen Herausforderung, zur Denksportaufgabe, Platons atlantischen Hintersinn zu erkunden. Nichts ist so schwierig, daß es nicht erforscht werden könnte. Und zur Lösung der "Atlantis-Frage" blieb uns ja noch das Selberdenken.

Niemand sah bisher einen überzeugenden Sinn in Platons Atlantis-Geschichte. Und vor Platon hatte sich nie jemand zu einem Atlantis geäußert. Alle späteren Äußerungen anderer zu Atlantis bis heute beruhen letztlich nur auf Platons Geschichte. Also kann der Sinn der Atlantis-Geschichte wohl nur über Platons Texte erschlossen werden.

Bisher hatten alle Atlantis-Deuter an Platons Textes nur ihre spärliche Allgemeinbildung gespiegelt - wir übrigens auch. Platon hatte seinen Lesern Brocken von Geographischem, Geschichtlichem, Gesellschafts- und Volkskundlichem vorgeworfen. Über die waren alle auch brav hergefallen - wir zunächst auch. Jetzt hingegen suchten wir einen verborgenen Inhalt der Atlantis-Geschichte. Wir wollten wissen, was Platon in irgendeinem übertragenen Sinn gemeint hätte haben können. Wir suchten kein geographisches, kein archäologisches, kein esoterisches und schon gar kein soziopolitisches Atlantis. Diese oberflächlichen Themen waren nach unserem Überblick hinreichend abgedroschen. Außerdem waren sie des Platon, den ich meinen Töchtern nahe bringen wollte, nicht würdig.

Ich holte ein Buch meiner Platon-Ausgabe und blätterte drin herum. Ich fand die gesuchte Stelle und las vor, was Platon seinen Sokrates sagen ließ: *"Du weißt doch, daß die Rede alles andeutet, und immer umher sich wälzt und geht, und daß sie zwiefach ist, wahr und falsch."* (Krat.408c). Und dann meinte ich noch zu meinen Mitspielerinnen: „Jetzt liegt es an uns, das *wahre* und das *falsche* Atlantis, die *wahren* und die *falschen* Säulen herauszufinden. Wir wissen jetzt, daß die Rede von Atlantis vor den Säulen *zwiefach* ist.“

Wir waren nun tatsächlich alle miteinander und jeder für sich nachdenklich geworden. Wenn das vordergründige Atlantis-Szenario das Falsche von Platons Rede war, was war dann der richtige Inhalt? Gab es da nicht mehrere Alternativen? Oder waren diese in sich wiederum wahr und falsch. Dafür gab es von dem Platonbild, das wir uns inzwischen erarbeitet hatten ja durchaus mehrere Möglichkeiten. Also, Geograph war Platon nun einmal sicher nicht. So dürfte die Atlantis-Interpretation als *geographische Rede* die falsche sein. Aber als Politiker hatte er sich schon versucht. Er war zweimal in Syrakus gescheitert, die dortigen Politiker das Denken zu lehren. Also dürfte die mögliche politische Ebene seiner Atlantis-Geschichte auch eine falsche sein. Dafür war Platon in unseren Augen ein begnadeter Mathematiker. Aber war er nicht noch mehr ein der Ethik verpflichteter Metaphysiker?

Also noch einmal: Hatte Platon vielleicht nur über Nachdenken Weiterführendes in diese scheinbar sinnlose Heldensage verpackt ? Hatte Platon Personen und Handlung seiner Geschichte etwa auch übertragen politisch oder auch noch etwa mathematisch oder sogar metaphysisch sinnbildlich gemeint oder gar alles zusammen? Waren das etwa hintereinanderliegende Verständnisebenen?

War Platon nicht eigentlich eben genau auch das gewesen, was man seinem Atlas in manchen Mythologien zuwies: Astronom, Mathematiker und Metaphysiker? Oder war Platon etwa kein klar denkender Wissenschaftler? Steckte also mehr hinter seiner Fabel als eine verworrene Räuberlegende? Hatte Platon nur bewußt Bedeutungsinhalte seiner Atlas-Figuren verfremdet? Oder aber hatte er generell Bedeutungsschweres in seiner Geschichte versteckt? Hatte er dies so geschickt gemacht, daß wir es gar nicht sahen? Hatte er etwa Gedankliches übertragen, bildlich und personifiziert, dargestellt? Blieben wir etwa nur an diesem Vordergründigen hängen? War es uns Denkamateuren überhaupt möglich, zu solchem vielleicht vorhandenen Hintergründigen vorzudringen? Aber warum nur spielte das Denkgenie Platon Atlantis-Verstecken? Wollte er etwa, das wir Atlantis-Suchen spielten? Waren wir Amateure womöglich schon auf dem richtigen Weg? Wenn Atlantis Tiefgang hatte, warum hatten Denkprofis dies nicht schon längst ergründet? Soviel Denkbarrieren können es ja doch gar nicht sein, daß man nicht von einer Ebene zur nächsten kommen könnte.

Platons Worte von der zugleich wahren und falschen Rede hatten in unserer Diskussion zu den Vexierbildern Bildern von Escher, aber mehr noch zu den paradoxen Bildern von Magritte geführt. Besonders faszinierte uns ein Bild, in dem ein Mann sich von hinten im Spiegel sieht. So begannen wir das Prinzip dieses Spiegelns zu ergründen, das etwas scheinbar Wahres zeigte, um uns auf dessen Falschheit hinzuweisen, um das Richtige zu denken. Ähnlich faszinierend empfand ich Magrittes Landschaftsbilder, wo schwere Felsen zu schweben scheinen.

Vielleicht war Atlantis auch so eine Art geistiger Landschaftsarchitektur à la Magritte. Wer dieser Magritte war? Der Belgier René Magritte war als Maler ein Vertreter des veristischen Surrealismus. Seine Bilder provozieren ein Überdenken den Wahrgenommenen. Sie verweisen auf die Unsicherheit der Sicherheit und scheinen seltsam zu schweben zwischen der leichten Idee und der Schwere des Gegenstands. Für uns vermittelten sie der Zugang zu Atlantis. Die Bilder von Magritte regten uns nämlich an, das zur Realität Verfremdete in Platons Atlantis zu suchen. So nahmen wir uns eine gründliche, aber distanzierte Analyse von Platons Textgefüge vor. Im Text der Atlantis-Geschichte hofften wir die Planvorlage für ein konstruiertes Atlantis zu finden, die anderen bisher verborgen geblieben war. Friederike, die gerade Watzlawick verschlang, brachte eine hierzu passende Einsicht von ihm daher. Das *Auge des Betrachters* erblicke im Spiegel zunächst einmal sich selbst in geöffnetem Zustand. Dies erklärte uns, warum alle Atlantis-Sucher bisher nur sich selbst gesehen hatten. Wir gingen nun, mit einiger Distanz und einem anderem Blickwinkel an Platons Atlantis-Text. So hofften wir das geistige Vorbild des gespiegelten Atlantis-Bildes zu sehen.

In seinem 7.Brief erläutert Platon für Anfänger wie uns, wie solche möglicherweise hintereinanderliegende Verständnisebenen zu knacken sind. Am Beispiel eines Kreises rät Platon sich als erste Stufe mit den *Namen* zu befassen. Dann solle man sich mit der *Bedeutung* befassen. Danach sei das *Erscheinungsbild* zu untersuchen. Das führe dann zur *Erkenntnis* des Wesens. Und zuletzt vermittle ein vergleichendes Überdenken der vorigen Stufen die nötige *Einsicht*. Und dieser Fahrplan des Denkens führte uns relativ rasch weiter.

Also, zuerst zu den Namen: Platons Erzählpersonen rund um die Atlantis-Geschichte, stellten sie nicht schon Abstufungen in ihrer Wertigkeit dar?

Hermokrates war ein politischer Schurke und Platon ließ ihn zwar einen Dialog ankündigen, aber hielt ihn wohl nicht für wert, ihm auch einen solchen zuzubilligen. Hermokrates stand also für das Nichtexistente.

Kritias stand als ein die Fronten beliebig wechselnder Opportunist für die politische Ebene. Timaios hatte seinen Vortrag schon gehalten, der sich mit einer naturwissenschaftlichen Ebene befaßte. Und Sokrates, der Wahrheit verpflichtet, hielt sich ganz im Hintergrund. Und einer der Diskussionspartner fehlte anscheinend. Ich vermute, es war Platon selbst, der sich die fehlende Lösung aller Probleme selbst zubilligte.

Diese Namen, die sie tragenden Erzählpersonen, waren sie in ihrer Wertigkeit etwa schon Programm für die Decodierung der Atlantis-Geschichte?

Und wie steht es mit den Namen der Personen der Handlung der Atlantis-Geschichte? Mit den Götternamen und der Verwandtschaft des Poseidons, der nach Atlantis einheiratete, hat es eine eigenartige Bewandtnis.

An der Spitze steht Zeus, der nach Platon *Abkömmling eines großen Verstandes* sei und dessen Name *‚Leben'* bedeute, (Krat.396b). Allen anderen Namen ist auch noch ein alternatives Spiegelbild im Gegenteil ihres Begriffsinhalts zugeordnet.

Die Schutzheiligen von Athen sind *Athene und Hephaistos* sind, Götter der *Weisheit* und der *Kunst*.

Poseidon wird von Platon zum *‚Vielwissenden' erklärt*. Die Wortbedeutung seiner Frau *Kleito* ist *‚das Er-*

schlossene' oder auch *,das Gerücht'*

Den Namen von Kleitos Vater *Eunor* deuten wir als *,Scharfer Verstand'*. Der Name ihrer Mutter *Leukippe* führt zu *Leukippos*, dem Begründer der Atomlehre.

Unsere etymologischen Spielereien mit den Namen der fünf Zwillingssohnpaare Poseidons ergab durch eine innere Dynamik verbundene abstrakte physikalisch-mathematisch-metaphysischen Begriffe:

1. Atlas	- Gadeiros	Ruhe - Trennung/Bewegung
2. Ampheres	- Euämon	Zweiheit - Einheit
3. Mnaseas	- Autochton	Schwere - Auftrieb
4. Elasippos	- Mestor	Schwingung - Drehung
5. Azaes	- Diaprepes	Schwäche - Stärke.

Unsere Namens-Analyse war zwar streng philologisch absolut inkompetent, dafür aber recht erfolgreich. Platon hat sich beim Ausdenken dieser Namen etwas gedacht, so wie er das im *Kratylos-Dialog* beim Interpretieren von Namen vorgemacht hat. Es war für ihn sicher eine vergnügliche Bastelarbeit. So wie es für uns spannend war, seine ironischen Wortwurzel-Gedanken nachzuvollziehen oder auch nur ansatzweise zu erraten. Die Rückkopplung am Gesamtergebnis war uns Korrektiv, wies uns den Weg. Zur weiteren Verarbeitung dieses Ergebnisses verweise ich auf unser Buch *ATLANTIS-IRONIE*. Im Abspann von diesem Buch hier finden sie noch einmal einen Hinweis auf dieses Atlantis-Buch.

Bezüglich der ,Säulen des Herakles' stellte sich uns die Frage, ob es ihre Aufgabe in der Atlantis-Geschichte war, auf das Attribut des Wissenschaftlers von Herakles hinzuweisen oder auf das des Tugendboldes – oder etwa auf beides?

Das Ende wird zum Anfang

Der Weg zum Erfolg bei der Lösung der Säulenfrage und des Atlantis-Rätsels war nicht ganz so gerade und breit, wie das hier manchmal aussieht. Manches von dem, was sich bei uns als folgerichtig abzeichnet fanden wir erst mühselig über verschlungene Pfade und manchmal auch erst aus der rückwärtsgewandten Nachbetrachtung und durch Kombinieren der verschiedensten Hinweise Platons und unseren Überlegungen und unserer Erinnerungen dazu. Ganz zu Schweigen von den zahlreichen Irrwegen, die wir wieder verließen ohne sie hier zu erwähnen. Sicher gab es auch vermeintliche Irrwege, deren richtige Richtung wir nicht weiterverfolgten, weil uns das nötige Wissen fehlte, oder weil wir einfach nicht klug genug sind. Manchmal gab es auch längere Unterbrechungen, da das Atlantis-Rätsel-Raten ja auch nicht unsere Hauptbeschäftigung war. Und das weiß doch jeder selbst, wie schwer es einem fällt, nach einer längeren Pause erneut den Faden zu finden und sich wieder in einem komplexen Stoff zurechtzufinden.

Es war wie ein Neuanfang, als wir uns nach einer solchen langen Pause dann den geographischen Bezügen und geographischen Namen zuwandten, die Platon in seiner Atlantis-Geschichte erwähnte. Wir waren erwartungsvoll, mit der vor uns liegenden Geo-Namen-Analyse einer möglichen Lösung des Atlantis-Rätsels vielleicht auf der Spur zu sein. Wir hatten zumindest erahnt, daß Platon auch hier ganz bewußt atlantische Mehrdeutigkeiten angelegt hatte. Doch mit vermuteten Gewißheiten kamen wir nicht weiter. Also wurde es nun zum Programm, Platons Atlantis nicht durch eine geographische

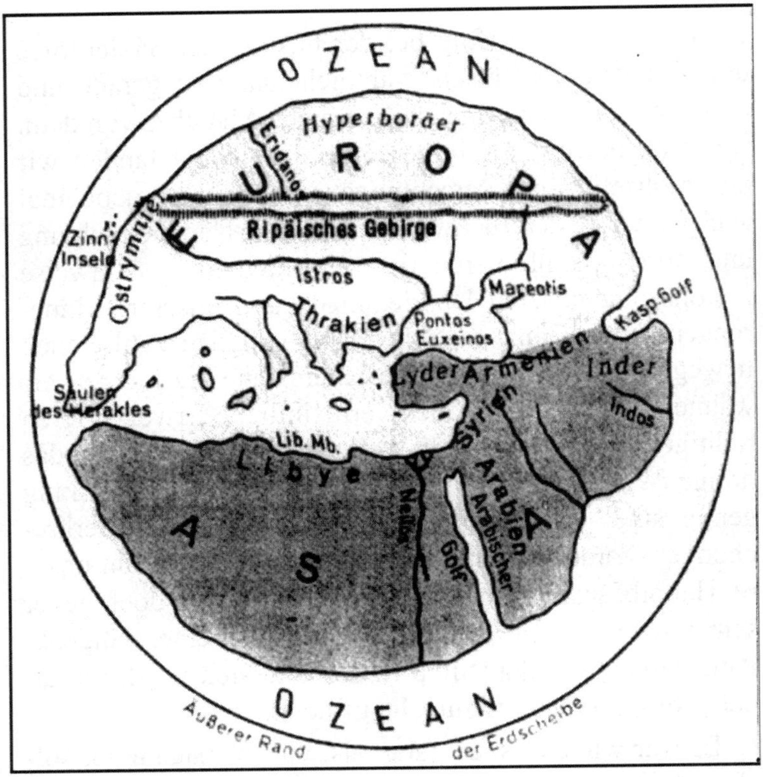

Rekonstruktion der Weltkarte des Anaximander

Lokalisierung, sondern über die Analyse der geographischen Hinweise zu enträtseln. Einigen Atlantis-Deuter war es schon aufgefallen, daß Platons Atlantis Ähnlichkeit mit anderen antiken Fabelwelten oder Historiengemälden aus fernen Gegenden hatte. In erster Linie galt das für Herodots Ekbatana und für Homers Scheria, aber auch Gemeinsamkeiten etwa mit Troja oder Syrakus meinte der eine oder andere Belesene zu erkennen. Mancher Gelehrte, der solche Ähnlichkeiten zu entdecken wußte, meldete dafür rasch Prioritätsansprüche an, auch wenn er diese Erkenntnisse bei einem anderen skrupellos abgeschrieben hatte. Das Erkennen mehrerer solcher Ähnlichkeiten führte schließlich bei manchen Atlantis-Deutern zu der Erkenntnis, Platon habe sein Atlantis erfunden und aus verschieden Bausteinen antiker Überlieferungen zusammengesetzt. Doch weiterführende Schlußfolgerungen wurden aus dieser Erkenntnis keine gezogen. Aber da Platon meiner Meinung nach nichts einfach absichtslos schrieb, suchten wir einen gemeinsamen inhaltlichen Grund für diese literarischen Bezüge zu den fernen Welten. Wir suchten aber auch ein formales System hinter deren Erwähnung im Text der Atlantis-Geschichte. Es war eigentlich selbstverständlich, daß wir dem Denker Platon ein planvolles Vorgehen beim Neugestalten eines fiktiven Weltbildes unterstellten. Also informierten wir uns zunächst einmal über das generelle antike Weltbild der Bildungsbürger zu Zeiten Platons.

Bei unserer Suche nach einem geographischen Atlantis und dem Standort der ‚Säulen des Herakles' hatten wir viel dazugelernt, das uns bei der Analyse von Platons Atlantis-Geographie behilflich sein sollte.. Wir erfuhren, daß die alten Griechen über die Geographie ihrer Welt durchaus Bescheid wußten. Der Mileter Anaximander

(610-546 v.u.Z.) soll sogar eine erste Erdkarte des Abendlandes gefertigt haben. Hekataios, der sein Schüler gewesen sein könnte, verbesserte diese Karte. Er ergänzte sie auch durch eine literarische Beschreibung des Lebensraums rings ums Mittelmeer. Das Werk erhob gleichsam ‚wissenschaftlichen' Anspruch. Es war jedoch darin auch die Rede von Fabelvölkern an den Erdrändern. Seine Basis waren Portolane (Seefahrerkarten), Reisebeschreibungen und sicher auch der homerische Schiffskatalog. Hekataios folgte in seiner Weltbeschreibung der Mittelmeerküste und zwar in einer Rechtsdrehung. Dieses Konzept wurde dann für spätere Werke dieser Art richtungsweisend. Ausgangspunkt des Weltumfahrungsumschwungs waren meist die ‚Säulen des Herakles' beim heutigen Gibraltar. Dorthin führten die Reiseberichte auch wieder zurück. Vorher umfuhr man in einer geschlossenen Folge die Küsten Europas, Asiens, Ägyptens und Libyens. So wurde das Ende der Welt, das einst diese ‚Säulen des Herakles darstellten, zum Ausgangspunkt für die Kartierung der ‚Alten Welt', der Küsten und Länder rings ums Mittelmeer.

Platons Atlantis soll ja vor den Säulen des Herakles, gelegen haben. Aber plötzlich war auch für uns das außen vor den ‚Säulen des Herakles' nicht mehr wichtig. Es kann ja auch innen vor diesen Säulen gelegen haben. Es beschlich uns der Verdacht, Platons vordergründiges Atlantis-Bild könnte aus einer zusammengefassten Weltbeschreibung des gesamten Mittelmeerraumes bestehen. Dieses Puzzle war wohl ein Code für weiterführende Erkenntnisse. Dieses Alte Europa zu verstehen, ist wohl die Vorraussetzung zum Aufbruch zu neuen Ufern, zur Überwindung der ‚herakleischen Grenzen'.

Der Ort der Säulen

Wir wollten uns nun eine Vorstellung von Platons Weltbild machen. Deshalb erhoben wir zunächst alle geographischen Begriffe der Atlantis-Geschichte. Wir begannen damit bei der Kurzfassung der Atlantis-Geschichte im Timaios-Dialog. Wir trugen die Namen der Orte, der Gegenden, der Bezüge dann auf einer Landkarte des Mittelmeerraums ein. Zunächst ergab dies eine nahezu gleichmäßige Verteilung von Markierungen im und rund ums Mittelmeer, die aussah wie ein Streuselkuchen. Johanna war es, die nun vorschlug, die Orte in der Reihenfolge ihrer Erwähnung im Text durchzunummerieren. Sie meinte, jetzt würde sie die Landkarte mit den vielen Zahlen an die Zahlenbilder erinnern, die sie als Kind immer so gerne nachgezogen hätte in Erwartung des darin versteckten Bildchens. Es war jedoch ein hartes Stück Arbeit, bis diese Ortsfolge stand und daraus eine Weltumfahrung wurde. Für die kartographische Lage der geographischen Bezüge gab es nämlich eine große Bandbreite, denn Libyen (Afrika), Asien und Europa lassen sich nicht so einfach auf einen Punkt bringen. Wir behalfen uns dadurch, daß wir ein Achsenkreuz über die Landkarte des Mittelmeers legten, als dessen Mitte wir einfach einmal Griechenland annahmen, die damalige Mitte der Welt. Im Westen lag dann vermutlich Platons fiktives Atlantis, dem Süden ordneten wir Libyen zu, dem Osten Asien und dem Norden Europa. Im Text werden als Zwischenstationen weitere Orte angesprochen, die wir vereinfacht über ein weiteres, um 45^0 verdrehtes Achsenkreuz definierten.

Eigentlich hätte es uns sofort klar sein müssen, daß

Platon seinem Atlantis-Bild eine Weltumfahrung ums Mittelmeer herum unterlegt und diese genau entgegengesetzt zu der seit Hekataios üblichen, also von den ‚Säulen des Herakles' über Libyen, Asien, Europa wieder zurück zum Ausgangspunkt.

Doch so rasch ging das nicht. Eine spielerische Verbindung aller Orte in ihrer Aufeinanderfolge hatte nämlich zunächst kein klares Bild ergeben. Doch wir spürten, daß Platon ein Ordnungsgefüge für eine Weltumfahrung im Sinn gehabt haben mußte und waren ganz aufgeregt.

Wir verglichen unsere Landmarken mit der Reihenfolge der textlichen Erwähnung. Unsere Verbindungslinie sollte irgendwo undefiniert im *Atlantischen Meer* beginnen. Bei den Alternativen, die wir hierfür hatten, nämlich Atlantischer Ozean oder die Syrte als Atel-Meer entschieden wir uns einfach einmal für den Atlantik und positionierten Atlantis zunächst freischwebend im Westen der Meerenge zwischen Europa und Afrika. Platon sagt ja, sein Atlantis habe *vor den ‚Säulen des Herakles'* gelegen. Da wir nicht wußten, lag Atlantis nun *außen vor* oder *innen vor* diesen Säulen legten wir unseren Fixpunkt Atlantis genau mitten auf diese Meerenge bei Gibraltar, die wir mit den ‚Säulen des Herakles' identifizierten.

Da fing aber schon die nächste Verunsicherung an: welche Säulen meint Platon jetzt wirklich – die bei Gibraltar oder vielleicht doch die an der Küste der Kleinen Syrte? Da uns zwischen dem Startpunkt ‚atlantisches Meer' und Libyen für unsere 45°-Achse ein Zwischenglied fehlte, entschieden wir uns hierfür für die in der Kleinen Syrte vermuteten ‚Säulen'. Bei einem Streckenzug ums Mittelmeer wäre der nächste Punkt Libyen gewesen, aber in der Textfolge wurde zuerst Asien erwähnt. Ich überlegten schon, ob Platon hier eine Schleife eingebaut hätte, so wie wir das bei Homers Odyssee-Irrfahrt zu erkennen meinten. Aber nach einer ganzen lusttötenden Weile fanden wir den Fehler, der meine Kurve trübte. Johanna hatte dieses Problem nämlich gar nicht. Sie arbeitete nämlich nach einer englischen Platonausgabe. Bei der mir vorliegenden deutschen Übersetzung war die Reihenfolge der Namen ‚Libyen‘ und ‚Asien‘ einfach nur vertauscht worden. Solche scheinbar belanglosen Übertragungsfehler kommen eben auch bei berühmten Platon-Übersetzern vor. Wir arbeiteten nach der Platonausgabe des Bertelsmann(Insel)-Verlags. Diese Ausgabe ist zweisprachig, griechisch und deutsch. Obschon ich kein Griechisch konnte, fraß ich mich gelegentlich mühsam durch den Orginaltext. Das mußte vor allem dann sein, wenn ich den Übersetzungen punktuell mißtraute. In diesem Fall erkannte Johanna diesen Verwechslungsfehler in der Reihenfolge der geographischen Erwähnungen. Ich berichtigte meine Landmarkennummerierung entsprechend.

Zu erwähnen ist noch, daß wir Libyen auf die Kyrenaika reduziert hatten, Asien konzentrierten wir auf Ekbatana in Persien. Im weiteren Text folgte dann als nächster geographischer Begriff das Wort ,,*pontos'*. Eigentlich könnte man den Begriff auch nur als eine der vielen literarischen alternativen für den Begriff ‚*Meer'* auffassen. Da *pontos* aber bei den Griechen gleichzeitig der geographische Eigenname für das *Schwarze Meer* war, entschieden wir uns dafür., lag doch das Schwarze Meer mitten auf unserer 45°-Achse. Und schließlich hatte Platon ja auch eine Hervorhebung dieses Meer-Begriffes *pontos* gebraucht, er nennt es *jenes recht eigentlich so zu nennende Meer (pontos).*

Der nächste Ortsbezug im Text ist Europa. Das haben wir einfach zum hin- und herschieben auf der Abszisse angeordnet. Doch dann platzierten wir seinen Ort genau gegenüber von Libyen (Afrika) auf der Vertikalachse.

Warum Platon dann Tyrrhenien erwähnt ist uns nicht klar. Der Name die Gegend der Etrusker im westlichen Oberitalien, die heutige Toskana. Vermutlich ist der Grund dafür nicht nur der kartographische Ort zur Konstruktion des geographischen ,Umschwungs'. Irgendein Bedeutungsbezug muss da noch dahinterstecken. Wir wissen nicht was. Vermutlich fehlt uns das Wissen um einen zeitgenössischen Bezug Platons zu Tyrrhenien. Hier flackert nur eine lose Gedankenverbindung auf. Den Volksnamen Tyrrhener wendet die Antike nämlich sowohl auf die Etrusker in Italien wie auf ein nicht klar faßbares (Seeräuber) Volk in der nördlichen Ägäis an. Es gibt tatsächlich Überlegungen, daß die Etrusker aus der nördlichen Ägäis stammen. Sollte sich Platons Verweis auf die Etrusker womöglich auf diese Wanderbewegung beziehen und damit unserer Kurve eine Richtungstendenz geben? Wohl kaum. Ich könnte mir eher vorstellen, dass dieses Tyrrhenien auf Elea in Unteritalien hinweist, wo eine von Platon bewunderte Philosophenschule war, der auch Xenophanes, Parmenides, Zenon und Melissos angehört hatten. Sie hatten eine Seinslehre entwickelt, welche die Sinneswahrnehmung der Denkkraft nachordnet. Dieser Xenophanes übrigens kritisiert die hohe Einschätzung der Olympiasieger und fordert Anerkennung für geistige Leistungen. Dem schließe ich mich an. Johanna meinte, sie möchte aber beispielsweise ein idiotisches Wissensquiz im Fernsehen nicht als Denkleistung gewertet wissen. Wenn da die Frage gestellt wird, in welcher Stadt der Kölner Dom liege, da hake es bei ihr aus. Wenn ich dann noch das gequälte Gesicht des Moderators sehe, der es ganz offensichtlich nicht weiß, da zappe sie weiter zu Colombo oder McGyver. Da siegen der Kluge und das Gute.

Aber weiter im Text. Anschließend an Tyrrhenien erwarten wir, dass der Umschwung wieder zurückführt zum Anfang. Und wenige Zeilen später kommt dann auch das, was wir erwarten, nämlich wieder ein Bezug zu den ‚Säulen des Herakles'. Diesmal aber nennt Platon die ‚herakleischen Grenzen'. Damit wären wir wohl wieder zurück am Anfang der Rundreise, wenn wir diesen Heraklesbezug diesmal geographisch einfach auf die Meerenge von Gibraltar bezögen. Die Reihenfolge der Nennungen geographischer Namen im Atlantis-Vorspann des *Timaios-Dialogs* ergäbe somit das verblüffende und doch erwartete Ergebnis eines geschlossenen Kringel rings ums Mittelmeer. Platons Weltumfahrung ist jedoch gegenläufig zu der des Hekataios und der sonstigen Fahrtrichtung der Zeitströmung. Aber das wunderte uns schon nicht mehr, wie könnte es auch anders sein.

Schön wäre diese Entdeckung einer platonischen Weltumfahrung schon, wenn da nicht Zweifel wären.. Für uns blieb die Frage offen, was diese Inszenierung sollte. Denn bei dieser Lösung wäre gar kein besonders aufregender Aussagewert dabei. Diese ‚herakleischen Grenzen', das war wohl das Problem, das es für uns zu überwinden galt.

Also meinte Platon wirklich das, was wir zu verstehen glauben? Platon wurde einmal von einem Parodisten, Epicharm, bei Theatervorstellungen in Syrakus persifliert. Der stellte den Philosophen in Frage mit den Worten: Wie ich aber meine, meine ich's denn? (Diehl, Epicharm, Fgt.6). Indirekt zielte dieser Spötter damit aber auch auf den Syrakuser Tyrannen Dionysios, dessen Worte und Taten auseinander klafften. Diese Glosse muß Platon deshalb besonders gefallen haben. Die Frage, wie er es nun meine, scheint für Platon geradezu ein Motto seiner Atlantis-Rede geworden zu sein. So ist auch möglicherweise eine Referenz an Epicharm in den Titel ‚Atlantischer Logos' mit eingeflossen. Denn gerade dieser Spötter Epicharm hatte auch ein Stück geschrieben mit dem Titel Atalante. Leider ist dieses Stück verlorengegangen.

In dem Gefühl der Unsicherheit, etwas übersehen zu haben, zerklaubten wir noch einmal alle diese geographischen Orte. Bis auf den Begriff Tyrrhenien war eigentlich alles klar. Doch diese Assoziation zu dem Parodisten aus Syrakus mit der Frage, was Platon jetzt wirklich meine, hatte tatsächlich eine Berechtigung. Es dauerte ein Jahr, bis wir dahinter kamen: Mit dieser geographischen Ortsbezeichnung *‚innerhalb der herakleischen Grenzen' ist* vermutlich dasselbe Gebiet gemeint, das Platon vorher etwas anonym als *‚innerhalb der Mündung liegend'* bezeichnet. Platon scheint damit das Gebiet innerhalb des Mittelmeers zu meinen, das von den ‚Säulen des Herakles' an einer Meerenge begrenzt wird, also nicht die ‚Säulen des Herakles' selbst. In einer der Oden Pindars heißt es, die Säulen sollen *'nicht weit vom Haus des Theron'* sein. Theron war um 500 v.u.Z. Tyrann von Akragas, dem heutigen Akrigent im Südwesten Siziliens. Theron war der Schwiegervater von Gelon, Regent von Syrakus, der den Karthagern bei deren mit Xerxes' gleichzeitiger Offensive gegen Athen eine vernichtende Niederlage beibrachte. Bei dieser Gedankenverbindung mit der Niederlage der Atlanter durch die Athener, die dann den *‚innerhalb der herakleischen Grenzen'* Wohnenden (Tim.25e) die Freiheit zurückgegeben hätten, ist die Vermutung, daß Platon hier einen Hinweis auf Sizilien gegeben haben könnte, nicht so ganz von der Hand zu weisen. Die kurz darauf folgende Textpassage, wonach das streitbare Geschlecht der Athener unter die Erde versank ist möglicherweise ein dazugehöriger ironischer Verweis auf eine zeitgeschichtliche Ebene, da ein besiegtes Heer der Athener nach einem misslungenen Syrakusfeldzuges als Sklaven in den Steinbrüchen von Syrakus endeten (Thukydides, Buch 7,86 und 87). Für diese schmähliche Niederlage Athens war übrigens genau dieser Hermokrates als General auf Syrakuser Seite mitverantwortlich, der angeblich den nächsten Dialogvortrag bei Platon hätte halten sollen. Also, wenn das ernstgemeint war ...

Also bezieht sich der Begriff der ‚herakleischen Grenzen' tatsächlich auf Syrakus? Sollte unsere Syrakus-Vermutung für diesen Link *‚innerhalb der herakleischen Grenzen'* zutreffen, wäre die Weltumfahrung Platons keine geschlossene Kurve mehr, vielmehr würde sich eine Fortsetzung in Form einer Spirale andeuten mit einer weiteren, aber engeren Windung. Das hieße, das im Text noch weitere Hinweise auf Bausteine des Atlantis-Konstrukts zu finden sein müssen. Und die Weltumfahrung Platons erhielte eine völlig neue Dimension – eine mathematische etwa?

Der nächste mögliche geographische Bezug ist der Hinweis Platons auf die See *‚die unfahrbar und undurchforschbar'* ist, weil sehr hoch aufgehäufter Schlamm im Wege ist. Wenn das einen geographischen Bezug haben soll, dann könnte in Fortsetzung der sich abzeichnenden Spirale nur die Kleine Syrte gemeint gewesen sein, die als flaches Wattenmeer tatsächlich schlammig und schwer befahrbar ist.

Irgendein Kommentator meinte auch, diese Bemerkung könne sich nur auf die Seeblockade *Karthagos* beziehen. Vielleicht war das auch nur der vorgestreckte Sinn, den Platon glauben machen wollte. Mit diesem Ortsbezug endet diese Serie geographischer Links im Atlantis-Vorspann im *Timaios-Dialog.*

Im *Kritias-Dialog* ist als erster Ortsbezug für Atlantis *‚das gadeirische Gebiet'* genannt, in welchem auch gelegentlich Karthago gesehen wird. Sollte diese erneute Benennung eine literarische Schleife sein, wie sie so häufig bei Platon vorkommt?

Im übertragenen Sinne weckt diese Bemerkung *‚unfahrbar und undurchforschbar'* Erinnerungen an die Oden Pindars mit ihrem Bezug zu den ‚Säulen des Herakles'. Wir nahmen uns diese Textstellen im Wortlaut vor:

- *Wenn Wasser das Beste ist und unter Besitztümern Gold am meisten Ehrfurcht erweckt, / so gelangt Theron jetzt durch seine Tüchtigkeit ans äußerste Ziel und rührt / von seinem Haus her an die Säulen des Herakles. Was darüber hinaus ist, ist Weisen / wie Nicht-Weisen unzugänglich.* (Pind.O.3,42-45)

Diese unzugängliche See, vermutlich doch wohl die Kleine Syrte, liegt nun vor Pindars ‚Säulen des Herakles', die wir in der Nähe von Djerba vermuten und Karthago. Pindar nimmt dieses Thema vom schwer zu durchquerenden Meer an anderer Stelle nochmals auf:

- *Schön und seinem Ansehen entsprechend tüchtig / hat der Sohn des Aristophanes den Gipfel des Mannestums erreicht:: weiter über / die Säulen des Herakles hinaus das unzugängliche Meer zu durchdringen ist nicht leicht. Der Halbgott hat sie gegründet als weithin bekannte Zeugen für eine Fahrt, / die sich ins Äußerste wagt. Er bezwang Ungeheuer im Meer, / mit eigener Kraft erkundete er Untiefen der Strömungen, / wo er auf seinem Weg an das Ziel seiner Fahrt kam, / und erschloß die Erde. Mein Herz (+ Sinn), zu welchen fremden / Zielen verschlägst du mich auf meiner Fahrt?* (Pind.N.3,19-27)

Pindar meint vordergründig zwar undefiniert irgendwelche ‚Säulen des Herakles' vermutlich aber doch solche in der Gegend der Kleinen Syrte. Pindar lebte von 520 bis nach 446 v.u.Z. und zu seiner Zeit dürfte dieser Säulenbegriff längst weiter gewandert gewesen sein, doch die ältere Sage vom unfahrbaren Meer hinter Djerba war vermutlich noch lebendig. Aber für Pindar ist dieser begrenzende Säulen-Begriff ja auch nur eine dichterische Metapher für die Grenzen des Wissens und der Erkenntnis. Vielleicht hat er ihn im Wissen um die nautische Überwindung der Kleinen Syrte noch auf diesen früheren Säulen-Ort bezogen. Und genau diesen Bezug zur Kleinen Syrte nimmt Platon vermutlich auf, wenn er vom ‚unfahrbaren und undurchforschbaren' Meer spricht. In diesem Sinne setzt Platon die in ihrer Bewegung behinderten Schiffe wohl gleich mit *beschränktem Denken.* Damit setzt Platon das *Denken* gleich mit *Bewegung*, wie das ja auch immer wieder unverhüllt in seinen Dialogen tut. Und Platon hat seinen Pindar wohl auch in diesem Sinne verstanden und zitiert.

Also dachten wir nach. Die Seefahrt der frühen griechischen Entdecker war eine Küstenschifffahrt. Erstens waren die Schiffe nicht unbedingt hochseetauglich und zum anderen brauchte man die Nähe zum Land für Trinkwasser und Nahrung und schließlich ging es ja darum, neues Land zu entdecken. Und womöglich bei jedem mühsam erreichten Ende einer solchen Entdeckungsfahrt meinte man das Ende der Welt erreicht zu haben. Und jedes Mal zollte man dem großen Vorbild an Kühnheit und Tapferkeit, nämlich Herakles, Tribut und errichtete ihm zu Ehren einen Tempel oder stellte einfach für ihn Stelen auf. So wanderte der Begriff der ,Säulen des Herakles' mit jeder Verschiebung des Horizonts immer weiter nach Westen entlang der nordafrikanischen Küste bis nach Gibraltar. Als die Griechen bei Djerba angelangt waren, sahen sie ein hochaufragendes Gebirge am Horizont, das den Himmel zu tragen schien. Sie benannten es nach Atlas, dem andernorts eine Sage als Träger des Himmels bereits anhing. Womöglich gaben sie in diesem Zusammenhang auch der Kleinen Syrte, dem Meer zwischen der Mondinsel Djerba und dem Atlas-Gebirge den Namen ,Atelmeer'. Und dieser Meerbusen der Kleinen Syrte war tatsächlich schwer schiffbar. Dieses Meer schien wegen seiner Untiefen und Stürme unüberwindbar zu sein, eben das Ende der Welt. Hier wurden zum Gedenken an Herakles ihm geweihte Säulen errichtet. Und dieses Weltende, diese Situation schien sich Pindar zum Vorwurf für seine Gedichte über die Grenzen der ,Erfahrung' gemacht zu haben. Vermutlich hatten die Seefahrer diese Barriere längst überwunden, als Pindar seine Oden schrieb mit der ironischen Doppeldeutigkeit des ,Erfahrbaren', die Grenzen der Seefahrt, welche die Grenzen des Denkens mitmeinten.

Mit der Ausdehnung des griechischen Weltbilds wurde dann vermutlich die ganze Geschichte weiterverlagert, nur daß die ironische Besetzung des Begriffs der ,Säulen des Herakles' nicht mitwanderte. Nur die Sagen und die damit verbundenen Namen wurden auf die nächste Meerenge übertragen, eben auf die von Gibraltar.

Da nun auch Pindars ,Säulen des Herakles' ein Baustein von Platons Atlantis sind, wollen wir es schon ganz genau wissen, ob sich Pindars frühe ,Säulen der Herakles' nicht bei Djerba lokalisieren lassen. Also nahmen wir uns diese Heraklessage noch einmal vor.

Viele Sagen haben einen heute meist unbekannten historischen Kern. An konkreten Hinweisen gab es in der Herakles-Sage einen Viehdiebstahl von einer Insel und die Überwindung einer Meerenge Gehen wir von einem inhaltlich zutreffenden Kern bei Sagen aus, so spricht das für einen Dammbau über eine Meerenge bei einer nahe beim Festland gelegenen Insel. Irgendwie muß der Viehdieb ja die Viecher ans Land gebracht haben. Und es ist für uns unerheblich, ob der Damm bereits da war, oder ob Herakles mit seinem Bau etwas zu tun hatte. Da der Beginn dieser zehnten Heldentat des Herakles sich in Libyen abspielt, liegt es sehr nahe, in dieser Insel des Geryon die Insel Djerba zu sehen. Also suchten wir dort nach Resten eines frühgeschichtlichen Damms über die Meerenge zwischen der Insel und dem afrikanischen Festland. Jedenfalls war uns klar, daß es von der Meerestiefe her kein Damm über die Meerenge von Gibraltar gewesen sein konnte. Und es gibt an der Nordküste Afrikas, also östlich vor Gibraltar, sonst keine Meerenge, die mit einem Damm hätte überbrückt werden können. Auch von daher stießen wir automatisch auf die Meerenge zwischen der Insel Djerba und dem afrikanischen Festland. Zwischen der Insel und dem Festland gibt es nun eine große, flache Lagune mit Engstellen zum Mittelmeer auf beiden Seiten. Und siehe da, über die östliche Engstelle gibt es auch den gesuchten Damm. Er soll bereits aus phönizischer Zeit stammen. Doch wann er wirklich gebaut wurde, das weiß man nicht. Jedenfalls könnte mit diesem Damm sehr wohl ein Herakles-Heiligtums verbunden gewesen sein. Daß es so lange gedauert hat, bis wir diesen Damm fanden, möge man uns nachsehen. Die Geographie der nordafrikanischen Küste und von Djerba war uns nämlich keineswegs geläufig.

Daß die Kleine Syrte ein recht schwierig schiffbares Wattenmeer ist, das wußten wir zuvor auch nicht. Dieser Teil des Mittelmeers ist so flach, daß dort Ebbe und Flut, die ansonsten im Mittelmeer kaum eine Rolle spielen, recht stark spürbar sind. Der römische Epiker LUCAN, er lebte zwar erst im ersten Jahrhundert nach Christus, drückt aber die antike Rezeption des Wattenmeeres der Syrte sehr plastisch aus, als einer Gestalt in der Schwebe zwischen Land und Meer, als eine Landschaft zwitterhaften Wesens. Ist der Schlamm, der bei Platon als einziges von Atlantis übrig bleibt, nicht auch ein undefiniertes Gemisch aus Erde und Wasser? Lucan berichtet übrigens in einer dramatischen Erzählung von einem schrecklichen Sturm in diesem Wattenmeer.

Jedenfalls spricht manches dafür, daß Platons ‚unfahrbares' Meer der für Seeleute gefährliche Meerbusen der Kleinen Syrte war und daß ‚Säulen des Herakles' irgendwo ganz in der Nähe von Djerba standen.

Als nächstes sahen wir uns die Überlieferungen der Geographen der Antike zu den ‚Säulen des Herakles' an. Da fanden wir die spätantike Beschreibung der westlichen Mittelmeerküsten des römischen Schriftsteller Avienus (4.Jh.n.u.Z.), *‚ora maritima'* genannt. Hier sind die frühesten Überlieferungen über die Mittelmeerküsten in einem Konvolut zusammengefaßt. Diese antike Quelle zu den ‚Säulen des Herakles' erschließt sich uns über eine spätantike, dichterisch gefaßte Beschreibung der westlichen Mittelmeerküsten. Der Dichter hatte vermutlich mehrere Überlieferungen zusammen gefaßt. Diese waren ihrerseits wiederum schon Konvolute, deren Ursprung man teilweise zurückverfolgen kann. Durch die Forschung hat diese Küstenbeschreibung des Avien heute

LUCAN's BESCHREIBUNG DER KLEINEN SYRTE

Mag sein, daß die Natur damals, als sie der Welt eine Ge. talt verlieh, die Syrten in der Schwebe zwischen Meer und Lan beließ; denn weder senkte sich der Bodentief genug, um gestai te See zu dulden, noch schirmte er sich gegen den Ozean a nein, als eine Landschaft von zwitterhaftem Wesen träumt d. Gegend unzugänglich vor sich hin, ein von Sandbänken g sprengtes Meer und ein von Wassertiefen unterbrochenes lan mit dem Getöse von wogen, die hinter immer neue Stränc vorwärtsrollen – so ließ die Natur dies eigene Stück lieblos i Stich und forderte ihm keinen Nutzen ab. Mag sein, daß d. Syrte einstens tief inter Wasser stand und gänzlich übe schwemmt war, aber Helios, der sein Licht mit Meeresfeuch speist, die der heißen Zone nahen Fluten räuberisch aufso daß das Meer sich noch bis heute gegen Trockenlegung durc die Sonne wehrt, doch bald, wenn diese zur Zeit der Weltve nichtung ihre Strahlen nähert, die Syrte Land sein wird; Schc jetzt steht ja nur flaches Geriesel auf ihrer Oberfläche und sin die Fluten, die einmal verschwinden sollen, ringsum spärlich.

Kaum daß die See, gepeitscht von Rudern, all die schwere Schiffe vorwärtsstieß, erhob sich mit schwarzem Regenvorhan ein brausender Südsturm. Rasend fiel er über sein eigen Reich he, verteidigte sein Meer mit einem Orkan gegen d. Schiffe, die es zu befahren wagten, trieb fern von den Syrten h Wogen heran und sprengte den Wasserspiegel mit eingesch benen Stränden, dann riß er die Schiffe, deren Segel er am au rechten Mastbaum packen konnte, der Besatzung aus den Hä den, und vergeblich unterfing sie sich, dem Sturm mit Tauen d. Tuche zu entziehen. >>>>>

>>> dies flogen über Kiellänge hinaus, und ihr Bausch blähte sich jenseits des Bugs Hatte aber jemand vorsorglich jede Leinwand an ihrer Rahe oben festgemacht, so wurde er überspielt und mit leerer Takelung davongefegt. Doch trafen es die Schiffe, die in hohen Wellengang geraten waren und einem richtigen Meer als Spielball dienten, im vergleich noch gut. All die anderen, die zur Erleichterung ihre Mastbäume gefällt hatten und so den Winddruck verpuffen ließen, wurden von der Flut abgetrieben, die unabhängig in umgekehrter Richtung zu den Brisen strömte und die Schiffe triumphierend dem Südsturm entgegenstieß, so sehr er sich auch widersetzte, Diese Fahrzeuge strandeten auf Sandbänken, prallten auf den von tiefen Stellen nur unterbrochenen Boden und wussten nicht, welchem Verhängnis sie verfallen waren, da eine Seite ihres Rumpfes festsaß, die an der aber im Wasser hing. Je mehr sie sich dann einbohrten, umso flacheres Meer stand ihnen zur Verfügung, ja, oft schien das Land vor ihnen noch zu steigen: mochte auch die Strömung vom Südwind vorgetrieben werden, so gelangte sie doch oft über die Sandberge nicht hinaus. Nein, es hob sich fern von allem Festland, auf dem Meeresrücken und doch von keinem wasser angetastet, ein Damm von nunmehr trockenem Staub empor: Seefahrer standen jämmerlich still, und hatte ihr Kiel auch Land gewonnen, erblickten sie doch keine Reede. So fing das Meer einen Teil der Schiffe weg; der größere Teil hielt seinen Steuerkurs, nachdem er sich durch Flucht gerettet hatte, gewann ortskundige Seeleute und erreichte unversehrt den reglosen Tritonsumpf. Diese liebt – so geht die Sage – jener Gott, den jede Meeresküste auf tönender Muschel über die Fluten dahinblasen hört.

(Lucanus, Bellum Civile, 303ff, übersetzt von Ehlers)

einen verzweigten Stammbaum.

Im Laufe der Jahrhunderte waren eben einige Quellen zusammengeflossen. Inzwischen sind viele ergänzende Bearbeitungsstufen über die ursprünglichen Fassungen der Küstenbeschreibungen gegangen. Solch einen vom Schiff ausgesehenen antiken Bericht, auch mit nautisch-technischen Angaben, gleichsam eine verbale Seekarte, nennt man *Periplus*. Ursprünglich dienten diese Reisebeschreibungen der Ausweitung von Handelsbeziehungen. Sie waren eine informative Ergänzung zu den reinen Seekarten. Es gibt natürlich auch solche, die nur nackte Daten über Entfernungen, Strömungen, Windrichtungen oder Anlegemöglichkeiten enthielten. Der Periplus des Avien enthielt aber auch Berichte über die Lebensweise der Küstenbewohner. Außerdem ging er auf die angetroffene Pflanzen- und Tierwelt ein. Das Ganze war sogar in Versform umgesetzt. Die Beschreibung des Avien ging ursprünglich von der Bretagne bis zum Schwarzen Meer. Leider hört die überlieferte Fahrtroute bei Massilia, dem heutigen Marseille, auf. Vor allem an der spanischen Mittelmeerküste kann man viele Einzelheiten geographisch zuordnen. Doch Küste und Karte stimmen nicht immer überein. Vor allem paßt die Beschreibung der ‚Säulen des Herakles' nicht zu der zugedachten geographischen Situation bei Gibraltar. Dafür gab es nur eine Erklärung: Avien mußte eine richtige Küstenbeschreibung an der falschen Stelle eingebaut haben. Der Irrtum war dem Avien oder eventuellen Vorgängern gar nicht aufgefallen. Schließlich verließen sich die länderkundlichen Erfolgsautoren der Antike auf die Reiseberichte der Seefahrer. Man konnte ja nicht überall selbst gewesen sein. Da kann also eine Verwechslung schon mal vorkommen. Den ortsfremden Lesern fiel das noch viel

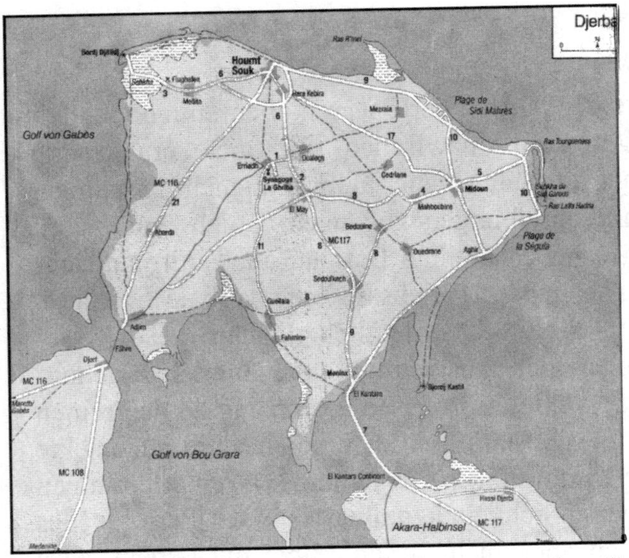

Zwischen Djerba und Afrika der Triton-See, über die Meerenge im Osten führt der antike Damm, im Westen liegen zwei Insel

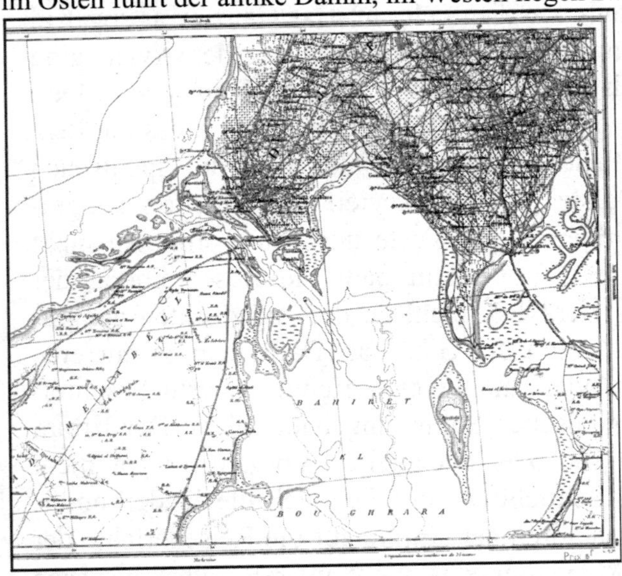

Detail der westlichen Meerenge zwischen der Lagune von Djerba und der Kleinen Syrte

weniger auf. Und den Seefahrern waren solche Irrtümer in der Unterhaltungsliteratur gleichgültig. Sie verließen sich auf ihre gutgehüteten aktuellen Seekarten. Für sie waren solche Reisebücher rasch zu Abenteuergeschichten geworden, eben nachrangiges Seemannsgarn.

Aviens Beschreibung der ‚Säulen des Herakles' enthielt aber auffallend genau beschriebene geographische Einzelheiten. Dafür mußte es doch einen wiederauffindbaren Wirklichkeitsbezug geben! So genau hatte sich ja nicht einmal ein Karl May seine Phantasieorte beschrieben. Wir nahmen uns also vor, die zur Beschreibung passende Küstenlandschaft zu suchen. So müßten wir die ursprünglichen ‚Säulen des Herakles' finden können.

Die Widersprüchlichkeiten des Avien'schen Periplus waren sogar schon anderen Atlantis-Suchern aufgefallen. In den zwanziger Jahren hatte sich jener Geograph Herrmann mit Aviens Küstenbeschreibung phantasievoll auseinandergesetzt. Er übertrug die dort geschilderte Situation der ‚Säulen des Herakles' auf den Schot-el-Djerid. Die vermeintlich ehemalige Meerenge zwischen dem einstigen Salzsee und dem Mittelmeer hat aber, wiegesagt, nie existiert. So verloren sich Aviens Spuren im Sand der Wüste, zu welcher der ausgetrocknete Salzsee inzwischen geworden war. Herrmanns ‚herakleische Säulen' ergaben hier noch nicht einmal eine Fata-Morgana. Wir hatten ja in unserer algerischen Periode unser damaliges Atlantis auch dort im Schot-el-Djerid gesucht. Aber ein Blick in geologische Fachbücher hatte uns rasch bekehrt. Ich habe diese Verirrung bereits gebeichtet.

Wir gingen nun dieser möglichen Verwechslung im Periplus des Avien, den ‚Ora maritima', gezielt nach. Also, die Herkunftsfrage der Küstenbeschreibung des Avien ist zunächst einmal umstritten. In den letzten hundert Jah-

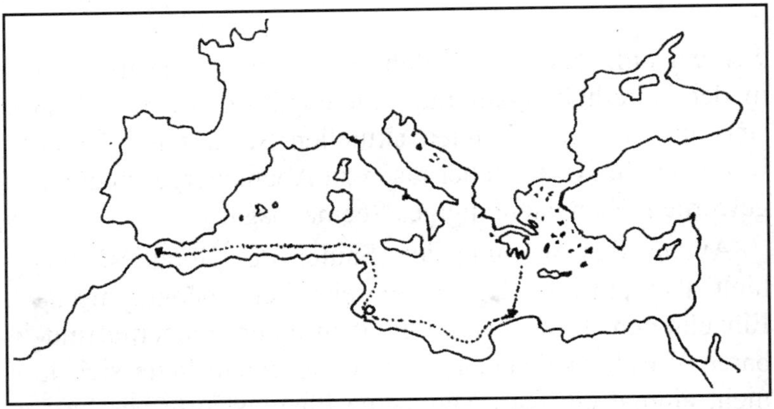

Da die antike Seefahrt eine Küstenschifffahrt war, wanderte das Jeweilige Ende der Welt mit den griechischen Entdeckern an der nordafrikanischen Küste entlang – über die Kyrenaika nach Djerba und zur Meerenge zwischen Afrika und Europa bei Gibraltar.

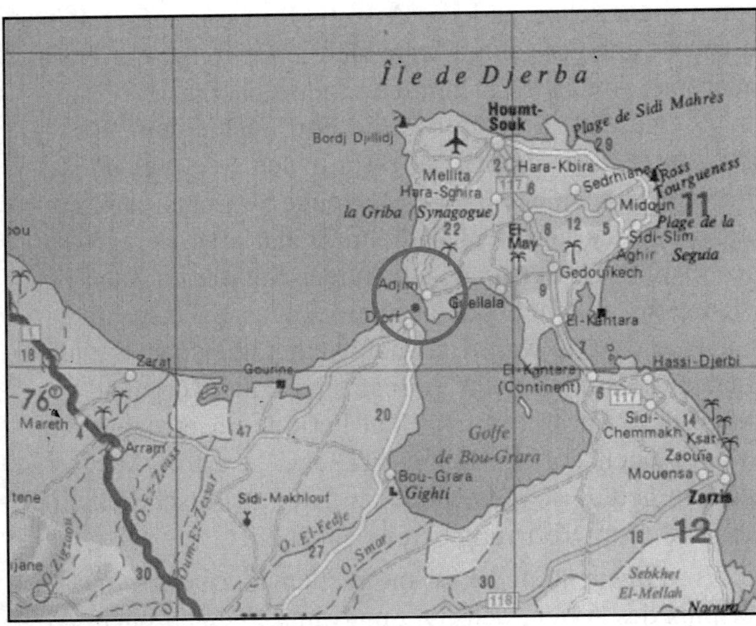

Die Insel Djerba vor dem afrikanischen Festland

ren ist sie heftig diskutiert worden. Der deutsche Archäologe Schulten betrieb in den zwanziger Jahren des letzten Jahrhunderts gründliche Quellenstudien. Er meint, diese Küstenbeschreibung ginge im Kern auf einen einzigen massaliotischen Periplus (also einem aus dem antiken *Marseille*) zurück. Dieser sei im 6.Jh.v.u.Z entstanden. Andere meinen, der Periplus sei karthagischen Ursprungs und noch älter. Avien erwähnt in seinem Text einen Euktemon als Gewährsmann. Es gibt begründete Überlegungen, Avien habe einen Euktemon aus Athen gemeint. Der war dort im 4.Jahrhundert v.u.Z ein bekannter Astronom und Metereologe. Avien habe also dessen Berichte in seine Dichtung eingebaut. Vor diesem Euktemon wähnt man einen anderen antiken Interpreten. Das sei der sogenannte Skymnos von Chios, der etwa um 100 v.u.Z. gelebt hatte. So wird von den Experten das ganze Werk des Avien in seine Urbestandteile zerlegt. Dabei werden noch einige weitere mögliche Quellen und Bearbeitungsstufen der Ora diskutiert. Die verstreuten Fragmente der Ora maritima hat K. Mühlenhoff zum erstenmal zusammengestellt (vergl. Deutsche Altertumskunde, I, S.203ff).

Damit waren für uns alle Klarheiten zur Entstehungsgeschichte des Periplus von Avien beseitigt. Doch wir haben einige Textstellen der Fragmente aus einer Übersetzung herausgepickt. Sie stammt aus einer Interpretation dieses Geographen Herrmann anläßlich dessen Atlantis-Suche:

Die Mündung des Atlantischen Meeres soll 120 Stadien (24 km) Auf beiden Seiten liegen zwei Inseln, voneinander etwa 30 Stadien (5,6 km) entfernt, von einigen ‚Säulen des Herakles' genannt. Nahe bei einer dieser Inseln liegt eine massaliotische Stadt, namens Mainake

(Skymn. v. 139f. v. 143) Ebenso behauptet der Athener Euctemon,...zwei Inseln würden Herculessäulen genannt. 30 Stadien (5,6 km) sollen sie voneinander entfernt sein, überall seien sie mit Wald bedeckt und für Schiffer stets schwer zugänglich. Auf ihnen stehen nämlich, wie er weiter berichtet, Tempel und Altäre des Hercules; auf flachen Booten fahren die Fremden heran, opfern dem Gotte und gehen eilenden Fußes wieder weg; als Frevel gelte es, auf den Inseln zu verweilen. In der weiteren und näheren Umgebung erstarrt das weithin seichte Meer stets von massenhaftem Schlamm. Schwer beladene Fahrzeuge vermögen wegen des niederen Wasserstandes und des dicken Uferschlamms an die Orte nicht heranzufahren. Wenn der Mensch aber einmal von dem Wunsch getrieben wird, das Heiligtum zu besuchen, so beeilt er sich, nach der Mondinsel den Kiel zu lenken, sein Fahrzeug vom Ballast zu befreien und so wie mit einem leichten Kahn über die Salzflut dahinzufahren.

Es liegt dort eine Insel vor der Stadt (MENACE), von den Bewohnern ehemals der Mondgöttin geweiht; auf der Insel befindet sich ein Sumpf und ein sicherer Hafen; oberhalb von ihr liegt die Stadt MENACE.

(Avien v. 350. 354-69. 427-31.)

Diese Angabe geben auf die Situation der Meerenge von Gibraltar bezogen keinerlei Sinn. Sie müssen sich also auf eine andere, vermutlich eine frühere Lokalisierung eines Heraklesheiligtums beziehen. Wir übertrugen nun diese geographischen Hinweise auf die Djerba-Meerenge in der ‚Kleinen Syrte'. Sehr zu unserer Zufriedenheit erhalten wir das bereits erwartete Ergebnis. Längst hatte ich eine gute Karte von Djerba und der Meerenge besorgt. Beim Schlund zwischen dem afrikanischen Festland und der Insel Djerba paßt der Text von Aviens /

Euktemon völlig zur kartographischen Situation:

Die Länge der dort beschriebenen Wasserstraße stimmt hier genau. Auch liegen auf beiden Seiten dieser Mündung tatsächlich kleine Inseln. Die auf der Westseite auch noch genau 30 Stadien (5,6km) von einander entfernt. Und hier im Westen ist heute noch derselbe Schlamm, der die Schifffahrt behindert, das seichte Wattenmeer der Kleinen Syrte. Auch auf der östlichen Seite des Schlundes sind vor dem Damm Inseln vorhanden, zwei davon etwas größer. Vom Avien's Text her sind mit größter Wahrscheinlichkeit die westlichen Inseln die unheimlichen Heraklesinseln.

Mit Aviens / Euktemons Mondinsel ist also wohl Djerba gemeint gewesen. Djerba galt ja in der Antike als dem Mond heilige Insel. Die von Avien / Euktemon erwähnte Stadt Menace ist auch vorhanden: die heutige Stadt El-Kantara hieß in der Antike Menax oder auch Meninx (gr. Mene = Mond). Diese Stadt liegt im Osten des insgesamt sehr flachen Wattenmeer-Schlunds. Die vor ihr gelegene Insel, muß die dem Mond geweihte sein.

Diese so genau der Überlieferung entsprechende Situation war den Archäologen nie in den Sinn gekommen. Sie haben ja auch nicht bei Djerba, sondern lieber bei Gibraltar oder allenfalls im Schot-el-Djerid nach ‚Säulen des Herakles' gesucht. Die Übertragung des Avien'schen Periplus auf die Situation Gibraltar hatte aber schon ihren Grund. Sie geht auf die folgenden Textstellen zurück, die diese Alternative aufzeigt:

- *Andere freilich behaupten, das Herma bilde die 'Herculesstraße', denn Hercules soll das Meer gangbar gemacht haben, damit er für die erbeutete Herde (des Geryon) einen bequemen Weg zur Verfügung hätte.*

(Avien. 326-328)

Ruinenreste auf der Herakles-Insel bei Djerba, wobei das keine Tempelreste sein müssen. Das kann genauso gut von einer Fischerhütte sein.

Der Arsch der frühantiken Welt. Das Ende der Küstenschifffahrt antiker Entdecker. Das ist nun der Blick ins schlammige Wattenmeer der Kleinen Syrte von der westlichsten Insel zwischen Djerba und dem afrikanischen Festland. Euktemon und Avien, Pindar und Platon hätten ihre Freude daran gehabt. Diese Barriere der Seefahrt und des Denkens zu überwinden ist nicht leicht.

- *Das Herma aber, das auch Herculesstraße genannt wird, erstreckt sich nach einer Angabe Euctemons, der in der Stadt Amphipolis wohnte, nicht mehr als 108 Meilen (166 km) in die Länge und 3 Meilen (4,6 km) in die Breite.* (Avien. 336.-340.)

Diese Entfernungsangaben beziehen sich eindeutig auf die Straße von Gibraltar. Diese Angaben sind völlig unabhängig von den Bezügen der anderen Textstellen auf Djerba. Dort bei Gibraltar ist aber, wie wir wissen, gar kein Damm möglich. Also sind diese Angaben für unsere Dammortung uninteressant.

Warum in der Forschung lediglich der Gibraltar-Alternative Beachtung geschenkt wurde, begreifen wir nicht. Ein Grund dürfte sein, daß die Gibraltar als Säulenstandort favorisierenden Forscher dort sowieso zu tun hatten und sich auch weiterhin gerne dort aufhalten wollten. Eine geistige Umorientierung hätte möglicherweise die Bedeutung ihres Forschungsgebietes gemindert. Also unterblieb das kritische Hinterfragen bei diesem eigentlich doch bedeutungslosen Text von vorneherein. Ein weiter Grund ist sicher auch der Vorrang, den man dem richtigen Zitat vor falsch eingebauten Texten gab. Bei Kommentaren zu schriftlichem Kulturgut wird viel kritischer Unsinn oft und gern übernommen. Irrtumsvermuten werden gerade bei der Textinterpretation von Platons Atlantis-Geschichte allzu oft gemacht, um persönliche Wunschvorstellungen unterzuschieben. So war es der Fehler dieses fragwürdigen Geographieprofessors Herrmann, den Irrtum im Textgefüge des Avien'schen Konvoluts mit seinem vermeintlichen Bezug zum ehemaligen Salzsee in der Wüste falsch zu interpretieren und das auch noch mit vehementem Bezug auf behauptete Irrtümer in den Quellen und Fehlinterpretationen anderer.

Nun gehört das wohl zu den vornehmsten Aufgabe mancher Geisteswissenschaftler, erstens die Quellen ihrer Auslegungen als voller Irrtümer zu deklarieren und zweitens andere Interpreten als unbelesen und als unlogisch argumentierend herabzusetzen. Eben wegen unserer Distanz hierzu war es uns zunächst schwer gefallen, bei Aviens Quellenbezug trotz der Faktenlage auch einen Irrtum zu unterstellen. Aber wir überwanden unsere Skrupel, denn das Kartenergebnis spricht nun einmal eindeutig für einen Irrtum im Text des Periplus und für unsere Deutung des korrumpierten Textes als auf Djerba bezogen und nicht auf Gibraltar oder den Schot. Schließlich wollen wir ja auch nur unseren Spaß haben. Den hatten wir zwar schon vor einiger Zeit gehabt bei der Lektüre des 73. Jahrgangs (1927) von DR. A. PETERMANNS MITTEILUNGEN (= PGM unter Fachleuten) aus JUSTUS PERTHES GEOGRAPHISCHER ANSTALT, Herausgegeben von Prof. Paul Langhans, wo es in Fortsetzung früherer akademischer Schlachten in diesem hochangesehenen Blatt gleich mehrere Artikel gab zum Thema Atlantis und im Gefolge davon zum Thema ‚Säulen des Herakles'. In diesen Artikeln kommen die Faszination des Scientismus und die fortlaufende Freude der gebildeten Autoren, ihren Konkurrenten intelelle Niederschläge unter der Gürtellinie zu verpassen, gleichermaßen zur Geltung. Die wissenschaftlichen Aussagen gipfeln in der Feststellung, daß Platon das Kamel in der atlantischen Kultur zwar unbekannt sei, was nicht gegen die These eines nordafrikanischen Atlantis spräche, da nachgewiesenermaßen das Kamel erst sehr spät dort Fuß gefasst habe. Ach ja, ein Artikel dieses – damals noch Privatdozenten – Herrmann handelt übrigens davon, daß auch das Troja der Ilias dort im Wüstensand Nordafrikas liege und nicht in Kleinasien und mit Atlantis zweifelsfrei identisch sei, und daß Homers Scheria gleich daneben liege. Das muß den Herrn Geoarchäologen Zangger schon arg gefuchst haben, denn in seinen über 260 Literaturangaben und doppelt so vielen Anmerkungen erwähnt er kein Wort davon, obwohl er die Artikel von Borchardt im gleichen PGM-Heft zitiert. Streng Wissenschaftlich ist das so etwas wie Fundunterschlagung eines Gegenbeweises, den es zu entkräften gegolten hätte. Die PGM gibt es übrigens heute noch als angesehenes Publikationsorgan für Geo- und Umweltwissenschaften.

Doch zurück aus den Untiefen der Wissenschaft zu den Untiefen um Djerba. Noch kaum jemand hat hier auf den Inselchen bei Djerba, nach Überresten aus der Antike gesucht. Dabei könnten genau dort die Überresten von einem Tempel und den ‚Säulen des Herakles' liegen. Sie bräuchten nur noch ausgegraben zu werden. Dennoch, oder gerade deshalb, machten wir Familienurlaub auf Djerba. Wir hatten ein sehr schönes Hotel auf der Nordseite der Insel gebucht. Von hier aus unternahm ich mit Johanna eine Forschungsexpedition mit dem Taxi. Wir schauten uns zuerst einmal unseren ‚Damm des Herakles' an. Auf der östlichen Seite ist die seichte Meerenge zwischen Djerba und dem afrikanischen Festland durch einen uralten Damm abgesperrt. Dieser Damm ist höchstwahrscheinlich schon derjenige, den der Sage nach Herakles für seinen Viehdiebstahl errichtet haben soll. In der Mitte hat der Damm nur eine schmale Öffnung mit einer Klappbrücke. Nur flache Boote können durch die Lagune hindurchfahren. Andere Schiffe müssen die ganze Insel umkurven, um in die Kleine Syrte zu kommen. Wir ließen uns aber mit dem Taxi übers Festland ans andere, ans westliche Ende der Meerenge chauffieren. Hier stellt eine

Fähre die Verbindung der Insel mit dem Festland her. Wir fuhren mit dieser Fähre zur Insel hinüber und wurden durch Schiffswracks, an denen wir vorbeifuhren, eingestimmt auf die unheimliche Atmosphäre, die hier nach der Beschreibung Aviens herrschen sollte. Ein Fischerjunge ruderte uns gegen viel Geld von der Anlegestelle auf Djerba zur äußeren der beiden kleinen Inseln in dieser Meerenge. Das war aber keine romantische Seefahrt. Die Hälfte der Strecke mußten wir das Boot durchs seichte Wattenmeer schieben. Dabei erschwerte veralgter Schlick unser Vorwärtskommen. Die letzten hundert Meter mussten wir alleine gehen, denn der Fischerjunge verließ uns mit dem Versprechen, uns in einer Stunde hier, mitten im Wasser, wieder abzuholen. Für nichts in der Welt hätte er sich der Insel weiter genähert. Furcht war ihm ins Gesicht geschrieben und er warnte uns eindringlich vor einer unbekannten Gefahr, die uns auf der Insel drohe. So wateten wir also ohne ihn zur Insel. Wir fanden dort dann eigentlich alles so vor, wie wir es erwartet hatten. Es gab nur eine unheimliche Einsamkeit, auch wenn der Urwald, der im Periplus des Avien erwähnt ist, fehlte. Die letzten Bäume waren offensichtlich gerade abgeholzt worden. Aber die Atmosphäre der Insel war dennoch seltsam unwirklich. Vielleicht kam das auch durch die Möwen, die wie Hitchcock-Vögel auf uns herabstießen, vermutlich um ihre Brut zu schützen. Wir gingen daher am Strand entlang und hatten dort dann auch Ruhe vor den Biestern. Am westlichen Ende der Insel ging der sumpfige Strand ins Wattenmeer der Kleinen Syrte über. Während wir ins ‚unfahrbare' Meer starrten, verdunkelte sich die untergehende Sonne. Sturm kam auf. Johanna setzte sich ab und marschierte zurück zu unserer Ankunftsstelle im Osten des Inselchens. Ich wollte die Insel ganz umrunden in der Hoffnung, irgendwelche Ruinenreste zu finden. Auf der dem Festland zuwandten Seite fand ich dann auch noch tatsächlich in paar Steinhaufen. Ob diese Gebäudereste von einem Heraklesheiligtum stammten? Ein bisschen karg dafür. Aber ich sorgte mich um Johanna. Ich sah sie auf der anderen Seite der flachen Insel hasten. Ich rannte quer über die Insel zu ihr hin und hatte sie bald eingeholt. Von den aggressiven Vögeln war nichts mehr zu sehen. Sie waren wohl vor dem herannahenden Sturm in Deckung gegangen. Von unserem Fischerjunge mit dem Ruderboot, der uns wieder abholen wollte, war weit und breit nicht zu sehen. Er hatte uns wohl aus Angst vor zürnenden Geistern völlig verlassen. Der Ruch der Antike hing eben heute noch über der unheimlichen Insel. Es galt nämlich, so hatte er uns zuvor erklärt, als Frevel auf der Insel zu verweilen. Nachdem wir eine halbe Stunde vergeblich auf den Fischerjungen mit dem Ruderboot gewartet hatten und die dunklen Sturmwolken immer näher kamen, entschlossen wir uns, durch das seichte Wasser bis zur Insel Djerba zurückzuwaten. Wir hatten aber nicht beachtet, daß inzwischen die Flut eingesetzt hatte. So ging uns das zunächst knietiefe Wasser bald bis an den Bauch, dann bis zur Brust. Wellen kamen auf und bei uns kroch die Angst hoch. Auf halber Strecke tauchte endlich unser Bootsmann dann doch noch auf. Aus sicherer Entfernung zur verbotenen Insel hatte er uns wohl kommen sehen und die Gefahr erkannt, in die wir zu geraten drohten. Erschöpft ließen wir uns von ihm vollends an Land schieben. Der Sturm kam dann richtig heftig auf und peitsche das flache Meer auf zu hohen Wellen. Der Fischerjunge organisierte uns noch ein Auto, das uns ins Hotel zurückbrachte. Wir waren doch recht erleichtert, als wir gerade recht zum Abendessen im Hotel waren. Wir hatten die Erfahrung gemacht am gefährlichen äußersten Ende der erfahrbaren Welt schiffbrüchig gewesen zu sein.

Mit unserem Ausflug hatten wir uns ein eigenes Bild vom Ende der Welt gemacht. Wir hatten schließlich unser unfahrbares' atlantische Katastrophenmeer unmittelbar kennen gelernt. Das ist doch ein ganz anderer Eindruck als nur von der Textinterpretation von Platons Atlantis-Geschichte oder vom Studieren eines Periplus oder vom Lesen einer Dichtung über das dort so gefährliche Meer. Auch wenn diese Gegend noch so beeindruckend und spannend geschildert war, so ersetzt das doch nicht den Augenschein. Eine neuzeitliche Landkarte vermittelt das persönliche Erleben einer Landschaft noch viel weniger. Auf Karten, auf denen Untiefen und Sandbänke eingetragen sind, sieht man allenfalls, welche Barriere Djerba für die Küstenschifffahrt gewesen sein muß. Wenn jeder Atlantis-Sucher sein Atlantis vor Ort so dramatisch erlebt, wie wir unsere ‚Säulen des Herakles' im unfahrbaren Meer erfuhren, da wundert es nicht mehr, daß jeder sein Atlantis und seine ‚Säulen des Herakles' wortreich und zäh verteidigt gegen jeden unwissenden und anmaßenden Zweifler.

Nun ja, wir haben so nebenher bei unserer Atlantis-Suche mit unserem Abenteuerurlaub ein interessantes Stückchen Kulturgeschichte der Antike aufgearbeitet. Und es hat Spaß gemacht.

Doch zurück zu Platon. Die knappen Andeutungen in Pindars Oden haben allem Anschein nach Platons Wesensart entsprochen. Pindars Schöpferische Kraft der Gedanken und die mächtige Gewalt der Sprache sowie die Art der gezielten ironischer Querverweise hat Platon für sich übernommen. Auch bestimmt ein wissender Ganzheitsbezug in beider Werk die harmonische Geschlossenheit. Und ganz besonders scheint Pindar in Platons Atlantis-Geschichte hineingewirkt zu haben.

Wenn man Pindars Oden liest, ist es durchaus einfühlsam, dass sich Platon an Pindars Dichtkunst orientierte. Besonders reizvoll muss für Platon die Auseinandersetzung mit Pindars Ironie gewesen sein. Die Vehemenz der bildhaften Sprache überdeckt übrigens bei beiden das dynamische Verfremden. Platon hat sich also nicht nur beim Heraklesbezug, sondern auch in anderen Details seiner Atlantis-Geschichte, aber vor allem aber in der beziehungsreich ironischen Machart von Pindar anregen lassen.

Uns tat sich auch durch Lucans Schilderung des gefährlichen Wattenmeers der Syrte und durch eigene Erfahrung noch eine andere Betrachtungsebene für Platon und Pindar auf. Es war ein merkwürdiger Gedankensprung, als wir uns fragten, ob der Schlick des Wattenmeers nicht auch ein undefiniertes Gemisch aus Wasser und Erde sei? Ist solcher Schlamm nicht auch das Einzige, das bei Platon von Atlantis übrigbleibt? Nein, nein, wir suchen nicht mehr nach einem im Schlamm der Syrte versunkenen Atlantis. Wir fragten uns vielmehr, ob da etwa ein Bezug zu den Elementen beim Schlamm als Mischung aus Erde und Wasser hineinspielt? Meint Platon möglicherweise mit dem Schlamm von Atlantis Physikalisches? Platon wollte mit diesem *‚undurchforschbaren'* Meer sicher nicht nur irgendwelche vordergründigen Realitätsbezüge herstellen. In erster Linie wollte er wohl philosophische Gedanken Pindars aufgreifen. Eine seiner Ode mit diesem Heraklesbezug dichtet Pindar zu Ehren irgendeines Siegers im Faustkampf, doch wenn man Pindars Lobgesang aufmerksam distanziert liest, scheint es keine reine Huldigung zu sein. Für mich beklagte Pindar eher die geistigen Grenzen jenes hochgelobten Muskelprotzes in ironischer Verhüllung. Platon hat diesen Kunstgriff eines ironischen Bezugs anscheinend gleich mehrfach aufgenommen. Sein Meer vor den ‚Säulen des Herakles' ist einmal unbefahrbar wegen des Schlamms, den Atlantis hinterließ. Platon hat vordergründig indirekt vielleicht mit seiner Atlantis-Fabel auch die Unbedarften seiner Leser auf die karthagische Seeblockade verwiesen. Mit seinen *‚herakleischen Grenzen'* meint Platon vermutlich jedoch hintergründig in erster Linie die Grenzen der Erkenntnisfähigkeit durch die Grenzen der ‚Erfahrbarkeit' vermeintlicher Wirklichkeit. In diesem Sinne setzt Platon die in ihrer Bewegung *behinderten Schiffe* wohl genau wie Pindar gleich mit *beschränktem Denken.* Platon setzt zusätzlich noch das *Denken* gleich mit *Bewegung*. Diese Analogie kommt öfters vor bei Platon. Wir finden die Gleichsetzung von *‚Gedanken'* und *‚Schiffen'* übrigens auch in Brechts Galilei. Der meint dabei übrigens mit dem Wort *Meer* den Begriff *Freiheit.* Das Wort *Küste* verwendet der als Begriff für *Unfreiheit*. Doch zurück zu Platons Gleichnissen. Ob Platon mit geistiger Unbeweglichkeit auch oder gerade uns meint? Dazu noch einmal diese andere Pindar-Stelle:

- *Was darüber hinaus ist (über die ‚Säulen des Herakles'), ist Weisen wie Toren unzugänglich* (Pind.O.3,42f).

Ist das nicht die wesentliche Aussage von Platons Atlantis-Parabel, die scheinbare Unmöglichkeit Erkenntnis zu erfassen. Ganz offensichtlich ließ sich Platon in diesem Sinne zu seinen ironischen atlantischen Verfremdungen der ‚Säulen des Herakles' von Pindar anregen. Jedenfalls hatten für den Dichter Pindar die ‚Säulen des Herakles' keinen eigentlich geographischen Bezug.

Sie sind vor allem Sinnbild der *äußersten erreichbaren Kraft der Tugend* (Pind.I.4,12). Bedeuten sie für den grundsätzlichen Tugendbold Platon letztlich dasselbe?

Aber zuvor kommt Platons Engagement für die Logik. Er zeigt sogar den Weg auf, die zeitnahen ‚herakleischen Grenzen' des Denkens zu überwinden. Sein Denkmuster ist nämlich der Analogieschluß. Dabei fällt mir beim Namen Herkules ein, verweist nicht die etruskische Wortwurzel *Herkel = Spiegel* auch auf das Analoge? Da gibt es auch Geschichten im Sagenkreis des Herakles mit Bezug zum Spiegeln. Herakles habe beispielsweise einen auf ihn geworfenen Felsbrocken zurückschleudert. War der tödlich Getroffene nicht ein Held der Argolis namens Alkyoneus? Dazu gibt es sofort wieder einen Bezug in einer Pindar-Ode

... und auf den Rinderhirten warf er (Herakles) dessen Stein, groß wie einen Berg ... (I.6,32)

Sogar eine Querverbindung zu Homer meinen wir hier zu erspüren. Der Herrscher von Scheria in Homers Odyssee hieß nämlich ganz ähnlich, Alkinoos. Alkyoneus ist eine lautliche Spiegelung dieses homerischen Namens. Und auf Homers Heimat des Alkinoos, Scheria, wurde nicht nur ein Stein geworfen. Sie wurde von Poseidon sogar unter einem ganzen Berg begraben. Also, was bedeutet Steine zurückwerfen in der Antike? Bei Homer kommt das ja öfters vor. Und was bedeutet Spiegeln in der logischen Konsequenz, also im Mathematischen bei Platon? Führt das Spiegeln nicht ins Dimensionale, und führt dieses nicht zur logarithmischen Spirale und landen wir dann nicht in der Mathematik des Komplexen? Dieses Spiegeln scheint besonders für Platon ein interessante Aufgabenstellung gewesen zu sein. Diese Problematik des Differenzierens zwischen dem Einen und dem Anderen sollten wir aufgreifen. Aber das sind ja alles nur spekulative Assoziationen. Doch bei Platon gehen die Anspielungsebenen schließlich auch quer durch Mythen und Dichtung.

Also jetzt wollen wir es erst recht wissen, was *wirklich* jenseits der Säulen ist. Was hat es mit den zahlreichen Pindar-Bezügen auf sich? Ist bei Platons Pindar-Zitaten eigentlich die ganze Ode mitgemeint? Sind seine Spots gleichzeitig Anspielungen auf die nicht zitierten Passagen der Gedichte? Jedenfalls heißt es bei der Lobrede auf den herakleischen Boxchamp:

- *Doch wer bloß Gelerntes besitzt, erstrebt, ein dunkler Mann, bald das, bald das und tritt niemals auf mit sicherem Fuß, von tausend Künsten kostet er mit ziellosem Sinn* (N.3,40ff).

Also, ‚selber denken' ist die Devise. Und es wird so langsam zum richtigen Vergnügen, Platons Denksportaufgabe zu lösen. Und es ist ein billiges Vergnügen, wir brauchen für unser Atlantis keine Fördermittel für atlantische Grabungsaktivitäten in der Ägäis, für atlantische Tauchexpeditionen vor Gibraltar oder für atlantische Kultstätten auf den Kanaren. Pindar sagt uns bereits, was Sache sei:

- *Und nach Fernem Verlangen zu tragen ist dem Manne nicht gut. Such's von daheim* (N.3,30)

Ich hatte meinen Kindern auch immer gepredigt, Abenteuer fänden nur im Kopfe statt. Doch unser Djerba-Erlebnis hatte mich aber eines Besseren belehrt. Auch wenn kein geographisches Atlantis existierte, tat uns so ein abenteuerlicher geographischer Ferienimpuls wie die Entdeckung der ‚Säulen des Herakles' unserem Atlantis-Suchspiel gut.

Eigentlich suchen wir schon lange nicht mehr nach einem geographischen Atlantis in *räumlicher Ferne.* Aber vielleicht suchen wir es noch in *geistiger Ferne.* Sollten wir uns also vielleicht doch einmal mit dem uns fernen Seelenheilsbezug von Platons Tugendbeschwörung befassen? Oder mit einem für uns noch in weiter Ferne liegenden metaphysischen Atlantis? Die ‚letzten Dinge' sind uns jedoch noch gar zu fern und wir bleiben vorerst lieber beim Sinnbildlichen, beim Gleichnishaften, beim ironisch Gespiegelten. Dahin waren wir über die vorgeschaltete Begriffsebene der geographisch-ironischen Bedeutungen gelangt. Diese Ebene war hinter der so vielfältig missverstandenen wörtlichen Auslegung verborgen. Dass dort die gefährlichen Untiefen sind, hatten wir bald erkannt gehabt. Einige davon hatten wir aber doch schon umschifft. Andere blieben in den Netzen der Fallen platonischer Sozialpolitik hängen.

Platon als Phys- und Ironiker hatte uns über die Pindar-Hinweise jedoch einen Tipp gegeben. Wir müssen nur Platons Stufenleiter im Sinne Pindars benutzen. Pindar sagt in seiner dritten Olympischen Ode nämlich: *die erhebende Kraft der Tugend sei verbunden mit den Säulen des Herakles.* Herakles aber ist für Platon das Sinnbild für Wissenschaft und Forschung. Hier nun wagte ich einen einfachen Analogieschluß: Über die ‚Säulen des Herakles' hinaus war die Seefahrt behindert. Gleichnishaft wurde auf das gefährliche Wattenmeer der Syrte angespielt. Diese ‚Grenzen des Erfahrbaren' bei Pindar sind also mental gemeint. Denken wir nur an den übertragenen Inhalt des Wortes ‚Erfahrung'. Auch das Wort ‚erforschen' hat noch einen Hauch von Abenteuer. Und der Abenteurer Herakles ist in der griechischen Mythologie schließlich das Sinnbild für Wissenschaft und Forschung.

Also wies uns Pindars Ode den Weg zum Verständnis von Platons Atlantis-Absichten: über den Wissensinhalt seiner Atlantis-Geschichte, der mit den ‚Säulen des Herakles' gemeint war, nach dessen Überwindung – über die ‚herakleischen Grenzen' hinaus, zu prinzipiellen Aussagen über die Tugend zu kommen, die ebenfalls durch Herakles verkörpert, also damit *untrennbar verbunden* sind. Ein schwieriger Weg. Herakles als Fixpunkt geographischen Wissens war uns schon zweifelhaft genug. Dahinter schien sich eine physikalische Ebene zu verbergen, die sich mit seiner Stärke befaßte - und etwa auch mit dem physikalischen Untergang von Atlantis? Und kam dann nicht die Ebene der Metaethik, die sich mit dem Tugendbegriff auseinandersetze, den Herakles verkörperte?

Es ist natürlich ein eitles Unterfangen, aus Andeutungen Platons oder Pindars verbindliche Schlüsse zu ziehen. Deren ironische Impulse zu gedanklichen Querverbindungen führen jeden Leser entsprechend seinem Denkvermögen, seiner Belesenheit, seiner Phantasie, seiner Einstellung oder seiner Blickrichtung irgendwo anders hin. Es fehlt einfach die schlüssige Beweiskraft eines antiken Scherbens. Denn nur die Spatenwissenschaft vermittle fundierte Erkenntnis.

Aber schließlich wollten wir ja nur einen Blick auf das ‚unfahrbare' Meer jenseits der ‚Säulen des Herakles werfen. Und wir waren zwischenzeitlich davon überzeugt, daß Platon uns nicht nur unserer Phantasie überließ, sondern, daß er seine Fundstücke, die uns den Weg weisen sollten, in seinem Atlantis-Text und seinen anderen Dialogen verborgen hatte. Wir mussten nur tief genug danach graben im gedanklichen Schlamm, der von Atlantis noch da war.

Der Weg von den Säulen zum Olymp

Platons Atlantis lag also jenseits dieser ‚Säulen des Herakles'. Und nach dessen Untergang sei die Bewegung der Schiffe durch Schlamm behindert worden. Nun sind bei Platon Bewegung und Seefahrt Metaphern für das Denken. Beides wird behindert, erschwert durch Trägheit und Schwere. Bei Platon wird dies aber durch die Folgen des Niedergangs von Atlantis bewirkt, als dessen Ursache Platon die Untugend der Atlanter vermuten läßt. Damit entspräche als Gegensatz zu Pindars *erhebender Kraft der Tugend* die *Schwere als niederziehende Kraft der Untugend.* Dies führt zur Vermutung, daß Platon mit dem Untergang von Atlantis übertragen das Prinzip der Schwerkraft behandelt um in umgekehrter Analogie auf das Prinzip der Tugend zu verweisen. Seine Erkenntnisse über ein Prinzip der Tugend zu vermitteln lag Platon wohl am Herzen. Aber dies direkt anzusprechen vermied er anscheinend aus vielerlei Gründen. So wählte er mit der Atlantis-Geschichte einen indirekten Weg über Bilder, die er bewusst stufenweise ins Verkehrte verfremdete. Aber mit dieser Ahnung fehlte uns noch immer der Zugang zu diesem Prinzip der Schwere, genauso wie zu dem konträr-analogen Prinzip der Tugend.

Wir beschränkten uns in unserem Erkenntnisdrang nun auf dieses ‚niederziehende' metaphysische Feld. Platons Feld des ‚erhebenden' Tugendheils wollten wir gar nicht erst betreten. Dies abgehobene Feld der Philosophie war uns unzugänglich. Das heißt, um weiterzukommen im philosophischen Platonverständnis ist für uns das Verständnis des naturwissenschaftlichen Bereichs seiner Metaphysik Vorraussetzung. In dieser Hinsicht ist aber das heutige wissenschaftliche Platonverständnis höchst lückenhaft. Mehr darüber zu erfahren, zu erarbeiten, sollte das Programm für unser weiteres Denksporttraining werden. Aber die Erarbeitung von Platons naturwissenschaftlichen Thesen, die wir im Atlantistext inzwischen schon rochen, die wollten wir zwar zurückstellen, aber im Auge behalten. So langsam kam uns die Atlantisgeschichte vor wie eine mehrfache Geschenkpackung, wo ein Inhalt im anderen steckte. Mittlerweile hatten wir eben auch noch die Vermutung, daß Platon seine Atlantisgeschichte in hintereinandergeschalteten gedanklichen Ebenen konstruiert hatte, aber diese Ebenen so verwoben hatte, daß es zur Denksportaufgabe wurde, dieses Bezügegewirr zu entflechten. Während unseren dumpfen Brütens erinnerten wir uns immer häufiger an irgendwelche literarischen Querbezüge im Text der Atlantis-Geschichte. Wir ahnten, daß uns nur eine entschlossene Systematik beim Suchen nach einem roten Faden weiterhelfen könnte. Unsere wichtigste Entscheidung war es, einen Schritt nach dem anderen zu tun und das Rätsel, was hinter den Säulen lag, nicht auf einmal lösen zu wollen.

Also robbten wir wieder zurück in die geographische Ebene von Platons Atlantis-Gebäude. Und hier machten wir weiter mit der Suche nach der Fortsetzung des geographischen Kringels an dem entlang Platon seine Atlantis-Bausteine angeordnet hatte.

Mit der Lokalisierung der ‚herakleischen Grenzen' am früheren Ende der Welt, in der *'Kleinen Syrte'* ergibt sich nämlich eine überraschende Fortsetzung der ersten Weltumfahrung. Es ist nun kein geschlossener Kringel mehr auf der Landkarte, sondern geht über in den zweiten Umschwung einer Spirale. Im folgenden *Kritias-Dialog* fügen sich nämlich, über indirekt Geographie-bezogene Stichworte erschlossen, nun weitere geographi-

Stichworte erschlossen, nun weitere geographische Orte in der Reihenfolge ihrer ersten Erwähnung oder als Texthinweise an diesen Linksschwung auf der Landkarte an

Im folgenden *Kritias-Dialog* fügen sich, über indirekt geographiebezogene Stichworte erschlossen, nun weitere geographische Orte in der Reihenfolge ihrer ersten Erwähnung oder als indirekte Texthinweise an diesen Linksschwung auf der Landkarte an. In der Atlantis-Beschreibung des *Kritias-Dialogs* werden weitere Orte nacheinander angesprochen. Zunächst der Grenzbegriff *‚Gadeira'*, der vermutlich diese Pindar'schen Grenzen des Erforschbaren, des Denkbaren, meint, die zuvor erkannten eigentlichen *‚Säulen des Herakles'*. *Gadeira* wird zwar schon lange mit dem spanischen *Cadiz* gleichgesetzt, in der antiken Mythologie aber auch mit der Insel Erytheia in Verbindung gebracht, die wir von der Heraklessage her und wegen der Überlieferung im Periplus des Avien eher als Insel des Geryon ansehen und beide mit Djerba identifizieren. Die Stadt Mainake hatten wir bereits in der heutigen Stadt Meninx auf der ‚Mondinsel' Djerba gesehen. Und die so lange vom glücklosen deutschen Archäologen Schulten bei Cadiz gesuchte antike Stadt Tartessos sahen wir nun auch im heutigen tunesischen Zarzis. Schultens Behauptungen wollen wir damit durch genauso unbewiesene Vermutungen von uns Amateuren in Frage stellen. Das ist doch wahre Wissenschaft!

Ob nun der Periplus des Avien die Namenswanderung des Säulenbegriffs von Djerba nach Gibraltar erst richtig in Gang setzte oder eine frühere Lokalisierung nur falsch einordnete, nachdem die Namensweiterwanderung längst gelaufen war, das ist noch zu klären, sofern das einer überhaupt für wichtig hält.

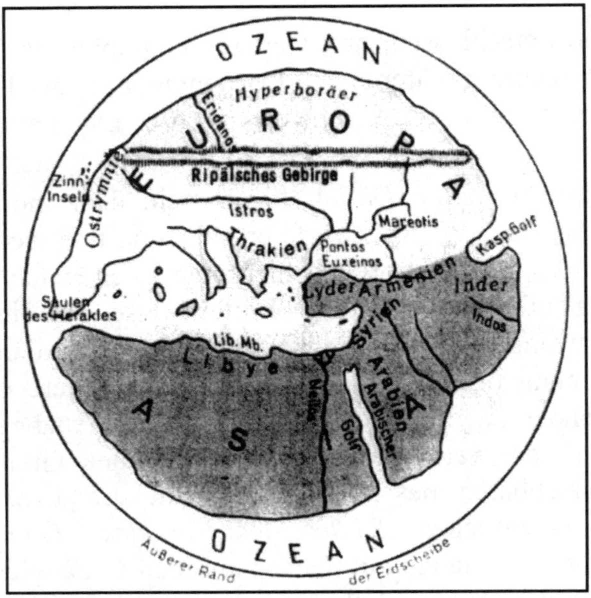

Rekonstruktion der Weltkarte des Anaximander

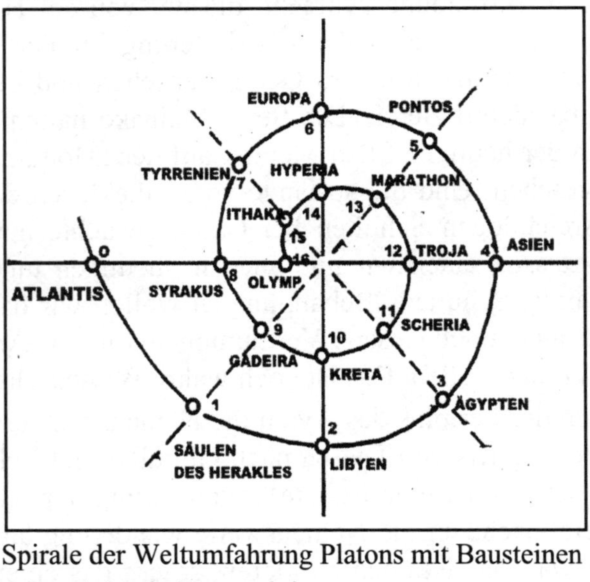

Spirale der Weltumfahrung Platons mit Bausteinen seiner Atlantis-Konstruktion

Für uns ist es wichtiger, wie es mit Platons Geo-Spirale weitergeht. Ich vermute, daß es folgende Orte sind, die sich dann anschließend nacheinander hinter Andeutungen und Anspielungen verbergen:

- Kreta (Lage)
- Scheria (Ähnlichkeiten im Detail)
- Troja (warme und kalte Quelle des Skamander)
- Marathon (Heeresaufbau)
- Thrakien (Bendiskult?)
- Ithaka (Beimischung des Sterblichen)
- Olymp (angekündigte Zeusrede).

Möglicherweise lassen sich auch noch weitere Bezüge und im einen oder anderen Fall ein besserer Bezugsort zu den Zwischengliedern des zweiten Umschwungs der geographischen Fiktion von Atlantis in Platons Kritias-Text finden. Aber zunächst entwickelt sich aus dem scheinbar runden, ersten Schwung ums Mittelmeer eine aus zwei Teilen zusammengesetzte Spirale. Dieser doppelte Kringel umfaßt die ganze antike Welt des Mittelmeers und führt in zwei Etappen von vor den (äußeren) ‚Säulen des Herakles' bis zum Olymp.

Und hier setze nun unsere Überlegung ein, daß diese Spirale für Platon nicht nur eine literarisch-konstruktive Bedeutung hatte, sondern daß sie ein mathematischer link ist. Es handelt sich von der Form her um eine logarithmische Spirale. Wir hatten diese Spirale zwar vom Ende her, von Atlantis, aufgewickelt, aber eben doch festgestellt, daß der dynamische Ursprung im Olymp ist. Dies deutet mathematisch auf eine dynamisch-dimensiologische Entwicklung hin. Aber auch vom Werteverlauf ist es eine längere Entwicklung vom göttlichen Ursprung des Guten zum Schein von Atlantis und zu dessen Untergang

– oder umgekehrt.

Es ist nicht nur als amüsante Einführung in die Welt der Alten Griechen gedacht, sondern als Beispiel der Infragestellung des Vordergründigen und der Suche nach dem ironisch Gemeinten im Hintergrund – ob dies nun zum Erfolg führt oder nicht. Und es ist dabei wichtig, sich selbst nicht allzu ernst zu nehmen. Denn das unkritisch Selbstgefällige war das Erschreckende bei der Beschäftigung mit dem, was an ‚Wissenschaftlichem' zur Frage des Standorts der ‚Säulen des Herakles' schon geschrieben wurde. Es war stets ein Spiegel des Autors und seiner vorgefassten Meinung. Keinem war es gelungen, über die ‚Säulen des Herakles' hinaus zu sehen. Nicht daß es bisher keiner gewagt hätte, es war auch nicht einer auf die Idee gekommen, daß man das tun könnte. Wir warten nur darauf, daß uns einer fragt, ob wir noch ganz dicht sind – oder aber, und diese Frage wird kommen, ob wir als Amateure das überhaupt tun dürfen.

Uns amüsiert neben der Distanzlosigkeit der an sich harmlosen Atlantologen zu sich selbst ebenso die übergroß überhebliche Distanz des allergrößten Teils der Wissenschaft zu Atlantis. Man spricht einfach nicht darüber. Sich mit Atlantis zu beschäftigen hat nun einmal generell den Ruch wahnhafter Vogelschau mitleidserregender Zwiefachpersönlichkeiten. Jetzt behaupten wir einfach einmal, Platon war mit seiner ständigen Doppeldeuterei, seiner verbergend offenbarenden Ironie tatsächlich ‚borderlined' zum ‚double-bind'. Dann sind wir ja in bester Gesellschaft.

Nun, über die Säulen hinaus zu sehen und die Fahrt zu wagen, dazu gehört auch eine krankhafte Entschlossenheit. Die hatten wir, denn wir ahnten neue Ufer.

Die Zweifel als Wegweiser

Wir hatten inzwischen jede Hemmung verloren. Wir stellten alles, was Platon zu Atlantis sagte, infrage. In jedem Wort suchten wir das darin versteckte Gegenteil, das latent Gespiegelte, das ironisch Gemeinte. Wir sahen die Möglichkeit, die geographische Spur, die Platon gelegt hatte zu verlassen. Wir wollten die nächste Ebene des Verbergens, die hinter den Bausteinen auf der Geospirale erkennen. So fällt es uns auf, daß einige der Orte, auch die des ersten Spiralkringels, eine gewisse Ambivalenz spüren lassen. Da sind beispielsweise:

- die mehrfachen ‚Säulen des Herakles',
- die fragwürdige Ägyptengläubigkeit,
- der Herrscher von Ekbatana, der sich selbst einsperrte
- Syrakus als Hoffnung und Enttäuschung Platons
- die Staatsutopie von Kreta
- das Traumland Scheria, das vernichtet werden sollte
- das negative Vorbild Troja,

Nicht bei allen diesen vorgeschlagenen Orten der Spirale gibt es eine gleich deutliche negative Tendenz, bei manchen anderen erkennen wir das (noch?) nicht, manche Vermutungen hierzu könnten sich durchaus auch als falsch erweisen. Auch über das Gegenüberliegen auf der Spirale machen wir uns Gedanken. Und daß Platons bei seiner Atlantis-Konstruktion so viele weitere Bausteine verwendet hat, machte uns unsicher bei der Zuordnung auf einer solchen vermeintlichen Spirale als Konstruktionsprinzip. Wir akzeptierten für uns einfach einmal diesen Denkansatz mit der Spirale, gingen dieser Spur aber nicht weiter nach, behalten sie jedoch im Auge. Hier griff sicher auch eine gewisse Aufgeregtheit. Wir meinten jedenfalls, ein mehrfach dynamisches System erkannt, erfühlt, erfasst zu haben. Da hat man keinen Bock darauf, ein Konstruktionsprinzip durchgängig nachzuweisen, das es vielleicht nur im Ansatz gegeben hatte. Und dann erheben wir auch nicht den wissenschaftlichen Anspruch, jeden Skeptiker überzeugen zu müssen, daß und wie pedantisch Platon bei seinem ironischen Zusammenbau von Atlantis vorgegangen ist. Darüber mag ein Gelehrtenstreit entbrennen. Das mag sogar noch mehr Beachtung finden, wie die Suche nach Atlantis im Gelände. Schließlich war das Prinzip der Spirale zu Platons Zeiten sowohl in der Literatur als in der Rhetorik ein gängiges Instrument und es wundert uns nicht, daß Platon es nutzte. Und ob es jetzt tatsächlich einen Heraklestempel mit verehrungswürdigen Stelen des Herakles bei Djerba gegeben hat oder nicht, oder ob Platon seinen Pindar nur missverstand oder ob Platon einen anderen Ortsbezug mit seinen Säulen im Sinn hatte, das ist im Grunde genommen sogar unwichtig. Wir sind mit unserer Fragestellung schon einen Schritt weiter.

Für uns steht jedenfalls eines fest: Atlantis ist eine fiktive, pseudo-geographische Weltbeschreibung, die von einem fiktiven, zum Negativen und schließlich zum Untergang bestimmten Atlantis ausgeht und auf einen göttlichen Ursprung im Olymp zielt. Platon verwendet für seine atlantische Spirale Bausteine aus der ganzen damals bekannten Welt. So wundert es nicht mehr, daß man überall Hinweise auf Atlantis, aber nirgends Atlantis selbst findet. Atlantis ist also scheinbar überall und doch nirgends. Atlantis ist ein ironisches Trugbild, ist Schein, aber ein Abbild wovon? Ist es am Ende das Ende einer stets Wert einbüßenden Abbildserie des Göttlichen? Dann stellt sich die Frage: wie sehen die Zwischenstationen aus? Sind diese auch im Atlantis-Text zu decodieren? Oder ist diese Spirale nur eine Fata Morgana von uns? Platon nennt ja seine verschlüsselten Hinweise nicht mit Namen, das wäre dann ja zu einfach gewesen. Dann hätte jeder seine Atlantis-Konstruktion nachvollziehen können und es wäre kein Jahrtausende-Rätsel draus geworden. Wir meinen, wir hätten Platons konstruktive Absicht erkannt, aber gelingt es uns, dies anderen zu vermitteln? Zweifelsohne haben wir eine Reihe von Fehlern gemacht, haben uns im Detail geirrt und können von Fachleuten widerlegt werden, sofern sie sich überhaupt die Mühe machen, sich mit unserer These auseinander zu setzen. Und Platons Spirale passt ja auch nur so in etwa oder vom Prinzip her auf die Landkarte des Hekataios. Oder ist das nur eine vage Konstruktion oder hatte Platon eine andere Grundlage. Vielleicht hilft uns bei unserer Überzeugungsarbeit, aber auch gegen die Selbstzweifel eine nähere Betrachtung, ja vielleicht sogar ein Auffinden von Homers Scheria weiter, von dem Platon unstrittig viele Details für seine Atlantis-Schilderung übernommen hat. Bis heute wird von allen Homer-Kommentatoren sein Scheria, die letzte Station des Odysseus vor seiner Heimkehr für eine Fiktion, für eine Erfindung, für ein Traumland gehalten. Sollte uns vielleicht Platons Platzierung von Homers Scheria auf seiner Spirale dazu helfen, den Ort dieses Scheria zu finden? Warum eigentlich nicht? Die Behauptung, daß Scheria auf unserer hypothetischen Weltumfahrungs-Spirale Platons liegt, wäre schon wichtig für uns. Also machten wir uns auf die Suche. Die Spirale wies uns, auf der 45° Achse nach Südosten in der Bucht von Antalya danach zu suchen. Man wird sehen, ob es Scheria gibt und wie doppeldeutig es ist.

Daß Platons Atlantis ein Sammelsurium von Bausteinen aus anderen fernen Welten ist, ist noch nichts Neues, das meinten andere auch schon zu erkennen. Neu ist, daß hinter Platons Atlantis-Bild System steckt. Platon erzeugt das Bild von Atlantis durcheine fiktive, pseudo-geographische Weltbeschreibung. Er übernimmt das zeitgenössische Genre der Weltumfahrungen und rafft diese zu einem Spiralbild. Führt diese Spirale nun hinein in Platons Mathematik? Führt das nun weiter zu Platons Metaphysik, zu seiner Ethik? Gleich am Anfang der Auseinandersetzung mit Platon und Herakles, fragten wir uns, wie wohl Platon zu dem Superhelden Herakles stand. Und da meinte Johanna, als Tugendbold hätte Platon vermutlich weniger den Abenteurer Herakles im Auge gehabt, sondern ihn im Spannungsverhältnis zwischen Tugend und Laster gesehen, sich für das Gute entscheidend. Von ihr kam auch der Vorschlag, hinter der Abenteuergeschichte von Atlantis nicht nur die mathematisch-physikalische Ebene zu sehen, sondern als ultima ratio den göttlichen Ursprung der ethischen Prinzipien zu suchen. Die ganze Atlantis-Geschichte sei doch darauf angelegt, der Tugend zu dienen als Ziel einer codierten Metaphysik.

Platons atlantisches Vexierbild ist versehen mit zahlreichen versteckten literarischen Querverweisen. Sie führen über das geographisch Vordergründige hinaus zu weiteren Verständnisebenen. Eine davon ist sicher die von uns schon lange vermutete mathematisch-naturwissenschaftliche Ebene. Die Anzeichen auf etwas greifbar hintergründig Metaphysisches im *Kritias-Dialog* verdichten sich immer mehr. Doch Platon hat dies wohl recht gut codiert. Aber vielleicht war es auch eher so, daß wir das Naheliegende damals einfach noch nicht sahen.

Wir blieben dran am Decodieren der Spirale.

Der Platon war übrigens Linkshänder

Mich persönlich beeindruckte eine nebenher-Erkenntnis der Entdeckung von Platons Geo-Spirale außerordentlich. Das ergab sich bei einem Familiengespräch über Platons Welt-Umwandlung. Johanna malte ab und zu diesen Atlantis-Kringel mit dem Finger in die Luft. Keiner kann eine Wedeltreppe erklären ohne seinen Zeigefinger kreisen zu lassen und dasselbe gilt für eine Spirale. Einmal saßen Johanna und ich nebeneinander und malten gleichzeitig Kringel in die Luft. Da merkten wir, daß wir gegenläufig zueinander drehten. Ihr Dreher entsprach Platons Weltumfahrungs-Sinn. Dagegen fuhr ich mit meinem Zeigefinger zuerst in die falsche Richtung. Dann stoppte ich, zögerte kurz und fuhr dann erst in die richtige Richtung. Bei ihr ging das Kringel-richtigrum-Drehen hingegen stets problemlos vor sich. Das kam wohl daher, daß Platon mit seiner Spiral-Vorgabe im Gegenuhrzeigersinn gedreht hatte. Und genau diese Drehrichtung war für Johanna völlig selbstverständlich. Sie ist nämlich Linkshänder. Als wir so nebenbei und ganz plötzlich damit konfrontiert wurden, lachten wir beide. Doch dann kam meine zwingende ernste Frage: Machte Platon diese Linksdrehung nur als Gegensatz zur üblichen rechtsdrehenden Weltumfahrung. Oder hatte er diese üble Rechtsdrehung auch gar noch als widernatürlich empfunden? Da gab es nur eine richtige Schlußfolgerung:

Platon war Linkshänder !

Wie sonst hätte er auch im Siebten Buch seines *Gesetze-Dialogs* (leg. 94d) den Gebrauch beider Hände so vehement, einfühlsam und doch ironisch verordnen können

Damit verstärkte sich die gute Gesellschaft in der Johanna war. Im Internet fand ich eine ganze Liste bekannter Linkshänder, das ging durch alle Schichten. Daß Platon, der Welt größter Denker, auch ein Linker war, freute mich für Johanna. Die Linken sind den Rechten einfach geistig überlegen, da sie durch unsere auf rechts gepolte Welt ständig gezwungen sind, beide Hirnhälften einzusetzen und dadurch sehr kreativ sind. Hier eine kleine Auswahl bekannter Linkshänder, ihnen zu Ehren im Alphabet verkehrt herum:

Sportler: Mark Spitz, Ayrton Senna, Monika Seles, Pele, Martina Navratilova, Diego Maradona, Mohammed Ali, Björn Borg, John McEnroe ...

Schriftsteller und Philosophen: Mark Twain, Friedrich Nietzsche, Franz Kafka, Johann Wolfgang von Goethe, Aristoteles, Hans Christian Andersen ...

Schauspieler: Julia Roberts, Robert Redford, Demi Moore, Marilyn Monroe, Rock Hudson, Goldie Hawn, Greta Garbo, Charlie Chaplin, Kim Basinger ...

Nobelpreisträger und Erfinder: Leonardo da Vinci, Albert Schweitzer, Isaac Newton, Bill Gates, Henry Ford, Albert Einstein, Marie Curie ...

Maler: Peter Paul Rubens, Pablo Picasso, Michelangelo, Adolf von Menzel, Paul Klee, Hans Holbein, Caspar David Friedrich, M.C. Escher, Albrecht Dürer ...

Komponisten und Musiker: Niccolo Paganini, Wolfgang Amadeus Mozart, Jimi Hendrix, Enrico Caruso, Paul Mc Cartney, Ludwig van Beethoven ...

Getragen von dieser Gewissheit, von Johanna weiterhin geniale Impulse zu erhalten, stimmte ich dafür, mit dem Atlantis-Spiel weiterzumachen. Doch vor den schnellen Erfolg setzte ich den Schweiß. Wir mußten Homers Scheria, dem Platon unseres Erachtens auf seiner

Spirale einen Platz zugewiesen hatte, einfach suchen und finden. Welchen Erfolg wir dabei hatten, ist nachzulesen in unserem Buch: HOMERS SCHERIA, erschienen auch im ENTA-Verlag. Da findet man übrigens auch den Nachweis, daß Platon auch in seinen *Gesetze-Dialog* eine ‚Linksdrehung' eingebaut hatte, die seither unbemerkt geblieben war und an der sich seitherige Kommentare und wissenschaftliche Tagungsbeiträge messen lassen müssen. Platon hatte eben mehr Humor als viele seiner professionellen Deuter.

Für uns war die Erkenntnis von der Linkshändigkeit Platons ein guter Zugang zu seinem Denken, jedenfalls wie wir es sahen. Unsere Folgeschlüsse führten weg von der Wörtlichkeit, aber nicht zulasten der Aussage oder der Schriftlichkeit. Wir können mit Platon nur über seine Texte kommunizieren, aber wir dürfen Mut dazu machen, sie in einer ‚Linksdrehung' zu interpretieren, das spiralige Gegenteilige darin zu suchen, die Ironie zu sehen, mit der und über die wir von Platon weitergeführt werden – wie ich hoffe über die ‚Säulen des Herakles' hinaus.

Wir erhofften uns dabei Wegweisendes von der Erkenntnis des Prinzips der Spirale. Wir sahen zunächst nur daß sie dynamisch weiterführend stets zum Gegenteiligen führte. Dies musste zu einer Überwindung des reinen Dualismus führen oder meinetwegen zu einer Differenzierung des Dualismus in seinem dynamischen Weiterspiegeln. Daß Platon zu diesem Spiegeln die Ironie als literarisches Element gewählt hat, deutet darauf hin, daß es hier nicht nur um ein Erkenntnisprinzip, sondern auch um ein Konstruktionsprinzip geht, also um Übergeordnetes.

Ein bescheidenes Ergebnis unserer Bemühungen ist nachzulesen in unseren beiden Büchern im ENTA-Verlag: ATLANTIS-IRONIE und HOMERS SCHERIA.

Quellennachweis der Abbildungszitate:

Seite	
4, Cover	Galleria Sabauda, Turin
6, 10	Getty-Museum, Los Angeles
12	Online-Service von www.radiobremen.de
20	‚Schnitt', Das Filmmagazin
22	Leo Frobenius, Auf dem Weg nach Atlantis
36	Bougainville, Hannos Seereise, Braunschweig et al 1764
40	www.deutsche-schutzgebiete.de
46	Meyer's Konversationslexikon
48	H.Strelocke, Algerien
50	Petermann's Geographische Mitteilungen, Heft 73, 1927
68	Gr. Hist. Weltatlas, München 1972
86	Dumont Reiseführer Djerba, Köln 1994[4]
86	Djerba-Karte vom Geo-Verlag Stuttgart
88	Marco Polo Reiseführer Tunesien, Ostfildern 1994[5]

Die Abbildungen sind sämtlich nur im Gesamtzusammenhang als Bildzitate mit einen glossierenden Schmuckeffekt zu sehen, gegenüber dem der Erläuterungszweck in den Hintergrund tritt. Im Text verwendete Zitate sind auch nur Beleg für die eigene Darstellung, oder dienen als Leseprobe oder zur sonstigen Veranschaulichung des zitierten Werkes, stets aber um deutlich zu machen, was Gegenstand der Kritik ist, die uns nicht zusteht und sie werden ebenfalls glossierend verwendet. Sollte eine Glosse einmal den ‚anständigen Gepflogenheiten' nicht entsprechen, ist sie als gerechtfertigte Karikatur anzusehen, gelegentlich sogar zum gesellschaftspolitischen Meinungskampf.

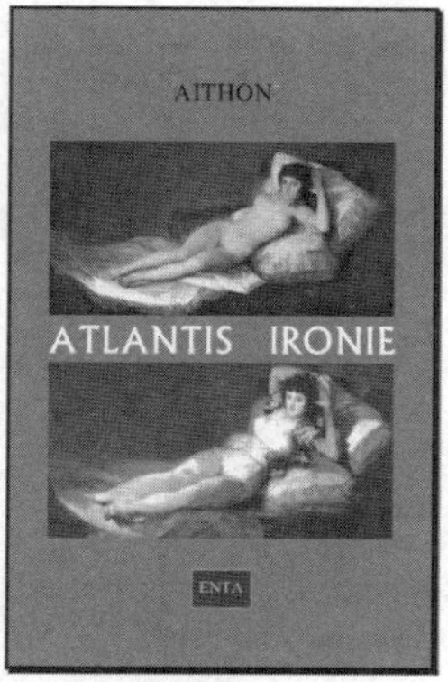

AITHON

ATLANTIS-IRONIE

Taschenbuch
288 Seiten
€ 19.99
ENTA-Verlag
ISBN 3-937360-00X
www.enta-verlag.de

Dies Buch ist die Lösung des Jahrtausende alten Atlantis-Rätsels. Und ein vergnüglicher Zugang zum Verständnis Platons. Platon berichtete als einziger von einer geheimnisvollen Insel vor den ‚Säulen des Herakles'. Bei einer Naturkatastrophe sei die Insel im Meer versunken. Seitdem wird sie von Abenteurern und Gelehrten überall auf der Welt gesucht. Esoteriker und gesellschaftspolitisch Engagierte legen die Geschichte nach ihren Vorstellungen aus. Dabei ist sie nichts anderes als eine ironische Denksportaufgabe Platons.

AITHON

HOMERS SCHERIA

Taschenbuch
116 Seiten
€ 12.99
ENTA-Verlag
ISBN 3-937360-02-6
www.enta-verlag.de

Homer beschreibt, wie Poseidon den Odysseus, der auf seinem Floß vor Scheria segelt, von den *Solymer-Bergen* aus sah. Diese liegen im Nordwesten *Pamphyliens* (Land aller Stämme). So benannten die alten Griechen die sichelförmige Ebene in der Bucht von Antalya im Süden der Türkei.
Ein spannendes Vergnügen für unser Autorenteam war die archäologische Entdeckung dieses Scheria, Land der Phaiaken. Scheria ist in Homers Odyssee das friedliche Gegenstück zum kriegerischen Troja in seiner Ilias.

Tayyip Yelen

GELBER SOMMER
(SARIYAZ)

Taschenbuch, 276 Seiten
ENTA-Verlag, ISBN 3-937360-03-4
www.enta-verlag.de

0090 312 231 75 59 – 0090 312 231 26 56

Das Buch handelt von den Veränderungen in der Sozialstruktur der einheimischen Bevölkerung durch den Tourismus und deren Auswirkungen.

Das Buch nimmt kritisch Stellung zu den neuen sozialen und kulturellen Werten, die von modernen Nomaden geprägt werden, und beleuchtet deren Beitrag zu einer neuen Lebensordnung nach Saisonende in Bodrum und anderen Tourismusorten und geht auch auf deren unbekannte Seiten ein.

Tayyip-Bey schildert ebenso die Probleme vieler Europäerinnen, die sie als türkische ‚Bräute' haben und die Strategien, die sie entwickeln bei der Vorbereitung auf ihr künftiges Leben in Anatolien, einem fremden Kulturkreis.

Die deutsche Übersetzung wird in Bälde beim ENTA-Verlag erscheinen